产业内贸易与政策应用

Intra-Industry Trade and Policy Implication

张兴泉／著

图书在版编目（CIP）数据

产业内贸易与政策应用/张兴泉著. —北京：经济管理出版社，2021.2
ISBN 978-7-5096-7799-5

Ⅰ.①产… Ⅱ.①张… Ⅲ.①贸易经济—经济发展—研究—世界 Ⅳ.①F731

中国版本图书馆 CIP 数据核字（2021）第 038475 号

组稿编辑：杨国强
责任编辑：杨国强
责任印制：黄章平
责任校对：陈 颖

出版发行：经济管理出版社
（北京市海淀区北蜂窝 8 号中雅大厦 A 座 11 层 100038）
网 址：www. E-mp. com. cn
电 话：(010) 51915602
印 刷：唐山昊达印刷有限公司
经 销：新华书店
开 本：720mm × 1000mm/16
印 张：14
字 数：230 千字
版 次：2021 年 3 月第 1 版 2021 年 3 月第 1 次印刷
书 号：ISBN 978-7-5096-7799-5
定 价：98.00 元

·版权所有 翻印必究·
凡购本社图书，如有印装错误，由本社读者服务部负责调换。
联系地址：北京阜外月坛北小街 2 号
电话：(010) 68022974 邮编：100836

目 录

第一章
绪　论

一、背景和意义

2001 年中国加入 WTO（世界贸易组织）以来，随着经济与贸易全球化趋势的加强，中美双边贸易额不断攀升，2018 年中美双边贸易总值达到 6335.2 亿美元。在中美双边贸易量不断增加的同时，不断升级的美国对华贸易摩擦在数量和涉案产品金额上也不断增大。据统计，从 2001 年中国加入 WTO 至 2019 年底，美国对华共实施反倾销、反补贴（双反）和特保措施等三类贸易救济措施高达 255 起，涉案产品数量累计 168 项，其中，贱金属及其制品、化学工业及其相关产品和纺织服装产品成为涉案产品的重灾区，涉案产品金额高达 515 亿美元。

在涉案金额增大的同时，美国对华发起贸易救济措施的频率也越来越高，单从美国对华反倾销的统计情况来看，从 1978 年中国改革开放到 2001 年加入 WTO，美国累计对华发起反倾销立案调查 87 起，平均每年 3.78 起；从中国 2001 年加入 WTO 到 2018 年底，反倾销立案调查总量则为 136 起，平均每年 8 起。在中美双边贸易摩擦的方式上，美国对大多数涉案产品同时进行反倾销、反补贴调查已成为近年来的一个新特点，仅 2009 年美国就对中国产品发起 10 起反倾销和反补贴合并调查，这一贸易摩擦方式涉及的对象是中国本行业内的所有企业且处罚措施更为严厉，因此，一旦立案调查的事实成立，国内该行业产品可能会面临被排挤出美国市场的结局。

在现有的国际分工格局下，伴随着中国产业结构的升级，2001 年中国加入 WTO 以来，中美双边贸易商品不仅在进出口额上有突破性的提高，在结构上也正发生着一些“质”的变化。一方面，中国对美国出口的大宗商品中，制成品贸易比重大幅度上升（见表 1–1），在这些制成品中，除了纺织、服装类等低技术商品仍占较大比重外，电机、电气设备及零部件、机械器具及零部件以及交通类等高新技术商品所占比例也大幅增加，表明中国对美出口商品结构正在升级；另一方面，中国从美国进口的大宗商品主要以机电产品、运输工具、航天仪器、化工及相关工业制品、光学和医疗仪器等商品为主（见表 1–2）。特别值得注意的是，机电、机械类商品和光学、照相、医疗设备及零部件等高新技术产品在中美进出口产品中占有较大的份额，它们是两国进行产业内贸易的重要

表 1–1　2002 年、2018 年中国对美国出口商品结构变化情况

排名	HS 代码	名称	出口值（10 亿美元）			
			2002 年	占比（%）	2018 年	占比（%）
1	85 章	电机、电气设备及零部件	14.18	20.25	119.57	21.23
2	84 章	机械器具及零部件	12.06	17.22	155.95	27.62
3	95 章	玩具、运动品及零部件	5.43	7.75	27.93	4.96
4	64 章	鞋靴类制品	5.05	7.21	14.64	2.60
5	94 章	家具、灯具等	4.46	6.63	38.06	6.76
6	39 章	塑料及其制品	2.63	3.76	20.60	2.63
7	62 章	非针织服装及附件	2.31	3.29	13.44	3.66
8	73 章	钢铁制品	2.13	3.03	14.18	2.52
9	87 章	公路车辆及设备	1.73	2.47	18.73	3.33
10	90 章	光学、照相、医疗设备	1.59	2.27	13.04	2.32

注：排名依据 2002 年该产业贸易额大小排列，占比是指该章产品出口额占中国对美国出口总额的比例。

资料来源：根据 UN COMTRADE 网站数据整理得出。

表 1-2　2002 年、2018 年中国从美国进口商品结构变化情况

排名	HS 代码	名称	进口值（10 亿美元）			
			2002 年	占比（%）	2010 年	占比（%）
1	85 章	电机、电气设备及零部件	5.65	20.75	12.88	10.72
2	84 章	机械器具及零部件	5.53	20.28	14.20	11.82
3	88 章	航天航空器及零部件	2.33	8.55	18.22	15.16
4	90 章	光学、照相、医疗设备	2.12	7.79	9.79	8.15
5	39 章	塑料及其制品	1.25	4.59	5.70	4.74
6	29 章	有机化合物	0.88	3.24	2.83	3.45
7	38 章	杂项化学产品	0.76	2.80	2.74	2.36
8	47 章	木浆及其他纤维素浆	0.71	2.6	2.91	2.43
9	87 章	公路车辆及设备	0.23	0.8	9.38	7.82
10	52 章	棉花	0.09	0.34	0.95	0.79

注：排名依据 2002 年该产业贸易额大小排列，占比是指该章产品进口占中国自美国进口总额的比例。

资料来源：根据 UN COMTRADE 网站数据整理得出。

商品。中美贸易额和贸易结构的这种变化意味着，在中国同美国这个最大的贸易伙伴国的双边贸易中，我们既不能忽视以资源禀赋理论为基础的比较优势理论所揭示的产业间贸易的竞争格局，也不能不关注产业内贸易规模的扩大已逐步成为中美贸易发展的重要趋势。

随着中美产业内贸易不断发展，美国对华贸易摩擦发生的行业领域在逐渐发生着变化。商务部研究院美大研究部主任李伟认为，中美之间产生贸易摩擦的领域有可能从原来传统的低端制造业转向更高端的制造业甚至是战略性新兴产业。沈国兵（2008）运用实证模型证明了中美双边产业内贸易程度较低，且美国处于贸易逆差的产品最容易招致美国对华反倾销行为；柳剑平（2009）通过对中美产业内贸易以及贸易摩擦产业分布现状的分析，发现在中美产业内贸易发展水平较高的产业如机械器具及其零部件，电机、电气设备及零部件以及光学、照明、医疗设备等商品中，中美贸易关系显得比较顺畅，极少有贸易摩擦的发生，而贸易摩擦往往发生在纺织服装、钢铁制品以及家具制品等产业内贸易发展水平较低的产业中，美方对来自中国的这些类别的产品采取越来越多的反倾销、反补贴（双反）及特别保障措施等贸易救济措施。

对于国内企业尤其是出口企业来说，更加雪上加霜的是这些贸易救济措施对其他国家具有越来越明显的示范效应，一旦美方对中方某项产品提出贸易救济措施，很多国家都会对中国出口产品进行跟进调查。这一状况导致的结果是：一方面，可能会使部分出口企业直接倒闭，工人失业问题严重；另一方面，可能会引导部分出口企业将产品的供给转向国内市场，导致竞争，从而加剧企业利润下滑。面对如此现状，中国如何摆脱目前的不利局面，有针对性地化解两国之间的贸易摩擦，实现中美贸易的双赢，不仅已成为中国外贸和经济发展过程中面临的重大课题，而且对维护世界贸易和国际经济形势的稳定也具有十分重要的现实意义。

随着全球贸易自由化的深化，贸易理论也在逐渐突破传统贸易理论的框架，新贸易理论、新新贸易理论对国际贸易现实的解释力度越来越强。传统贸易理论强调，贸易自由化带来的资源配置效应会使得资源向效率更高的行业转移；新贸易理论认为，国际贸易会导致资源向具有垄断优势或规模效应的行业转移；Melitz（2003）等学者将产业内贸易的理论前沿扩展到企业层面，从而形成了新新贸易理论，该理论认为，国际贸易将使资源向具有更高生产率的企业进行转移，并最终提高整个行业生产率以及整体福利。这些贸易理论的进展为我们解释国际贸易现实中遇到的各种贸易保护主义问题提供了理论基础上的拓展，如何将国际贸易理论的前沿研究运用到中美贸易的现实，以解析日益激烈的美国对华贸易摩擦形成的动因和过程是国内学术界亟待解决的问题。

产业内贸易理论是当今国际贸易的前沿理论，本书尝试运用并拓展产业内贸易理论来解释外国对华贸易摩擦形成的动因问题。随着贸易自由化的深化，产业内贸易理论关注的焦点之一是产业内贸易的动态衡量以及产业内贸易与贸易自由化所带来的调整成本之间的关系问题；焦点之二是如何突破“企业同质”的假设，将企业异质性纳入一般贸易均衡框架中。运用调整成本和企业异质性这两种分析方法有可能会给我们对美国对华贸易摩擦形成动因的理论分析带来新的观点。

对于贸易摩擦形成过程的解析，经济学家们开始引入贸易的政治经济学分析方法，在公共选择理论的范式下，通过引入“利益集团”这一媒介在纯贸易理论与政治学框架间搭起桥梁以分析贸易政策决策的“内生”过程以及结果。在美国对华贸易摩擦的形成过程中，利益集团无疑是其中重要的影响因素，但在产业内贸易理论的观点中，行业利益集团和企业利益集团对贸易政策的诉求存在较大差异，因此，运用并拓展相关的数理模型对不同类型利益集团影响贸易摩擦形成的过程进行详细解析，将可能为我们缓解美国对华贸易摩擦提供更有针对性的方案。

二、思路与结构安排

本书通过对中美产业内贸易与贸易摩擦的产业分布状况进行统计分析，发现美国对华贸易摩擦大都发生在产业内贸易发展水平较低的产业中，而在产业内贸易发展水平较高的产业中，中美贸易则进行得较为顺畅，中美产业内贸易和贸易摩擦的产业分布之间呈反向分布的特征。在这一研究发现的基础上，我们进一步对中国与其他主要对华贸易摩擦的发起国之间的产业内贸易状况的贸易摩擦产业分布的关系进行统计研究，发现以上研究结论依然有效，而且这种关联随着两国间的产业内贸易变迁，贸易摩擦发生的概率随之变动。

运用平衡面板数据的泊松计数模型对美国（印度）对华贸易摩擦产业层面的影响因素进行实证分析，并利用负二项回归模型进行稳健性检验，实证结果显示，产业内贸易对美国（印度）对华贸易摩擦存在负向影响，进一步验证了两者之间存在的负向关系。在此基础上，本书将发生在高产业内贸易水平行业中的摩擦划分为产业内贸易摩擦，相应地，将发生在低产业内贸易水平行业的摩擦划分为产业间贸易摩擦。

在区分产业内贸易摩擦和产业间贸易摩擦的基础上，本书首先分析了产业内贸易摩擦和产业间贸易摩擦对中国以及贸易摩擦发起国的贸易效应进行统计并实证研究，厘清不同类型贸易摩擦对涉案产品（产业）出口的影响，我们发现，美国对华贸易摩擦对中国涉案产品出口存在显著的贸易抑制效应和贸易转移效应，从美国进口来看，对华贸易摩擦并未减少美国涉案产品的进口数量和进口金额，也就是说，对华贸易摩擦并未达到保护国内相关产业的目的。而且从贸易摩擦的分类来看，产业间贸易摩擦相比产业内贸易摩擦带来的贸易抑制效应和贸易转移效应更为明显。

为了解析这一问题，本书从产业内贸易前沿理论这一角度出发，结合贸易的政治经济学理论，分别运用理论和实证相结合的方法分析不同产业内贸易水平的行业中美国对华贸易摩擦形成的动因和过程。

运用产业内贸易理论的调整成本和企业异质性分析方法，首先，建立一个产业内贸易条件下异质性企业固定出口成本的理论模型，分析保护性贸易政策对不同生产率企业影响，并运用美国企业层面的面板数据进行实证检验，以探讨美国对华产业内贸易摩擦形成的动因。本书认为，保护性贸易政策给出口与非出口企业带来不同的贸易利得是导致美国对华产业内贸易摩擦形成的动因。其次，本书对“平滑调整假说”使用性的理论模型进行回顾，并运用中美产业层面的平衡面板数据对“平滑调整假说”在中美贸易中的适用性进行实证检验，以探讨美国对华产业间贸易摩擦形成的动因。本书认为，由贸易自由化带来的劳动力要素调整成本较大，要素所有者在国际贸易中承受较多的贸易损失是美国对华产业间贸易摩擦形成的动因。因此，本书得出观点：贸易利益的不均衡分布是美国对华贸易摩擦形成的动因，但两种类型贸易摩擦之间存在的诸多差异又使得其对贸易双边利益相关者的影响大不相同。

通过引入贸易政治经济学分析方法，本书分别对“保护代售模型”和“政治竞争模型”进行拓展，并运用美国对华轮胎特保案和中美纺织品贸易摩擦案两种类型案例进行深入解析，分别探讨企业利益集团和行业利益集团在美国对华产业内贸易摩擦和美国对华产业间贸易摩擦形成过程中所起的作用。对于美国对华产业内贸易摩擦来说，由于美国在产业内贸易水平较高的行业对华实行保护性贸易政策会提升非出口企业的生产率从而使其获益，但一定程度上降低出口企业的生产率从而使其受损，因此，出口和非出口企业利益集团围绕各自的利益进行游说，最终的贸易政策是双方游说支出和游说力量对比的结果，一旦出口利益集团的游说力量小于非出口利益集团，肯定性的反倾销（反补贴）终裁结果就会出台，美国对华产业内贸易摩擦由此产生；对于美国对华产业间贸易摩擦来说，由于贸易自由化对中美产业内贸易指数较低的行业所带来的调整成本相对较高，当美国国内在对该类产业进行结构调整和升级时，必然会减少相关就业群体和企业群体的利益所得，导致代表这些就业群体和企业群体的利益集团对政府贸易政策的制定施加压力，而对中国这些产业的出口施加各种形式的贸易限制就成为政府缓解这种压力的出口，最终导致美国对华产业间贸易摩擦的发生。

根据以上的思路，本书以当前相关领域的已有研究成果为起点，采用理论、实证以及案例分析相结合的方法，以期系统全面地分析美国对华贸易摩擦的形成原因、过程及缓解对策。全文在结构上分为九章。

第一章介绍本书的选题背景和理论意义，梳理全书的理论框架和结构安排，探讨本书可能的理论创新之处，并对本书研究的缺陷和下一步研究方向进行说明。

第二章对国内外分析贸易摩擦的相关文献进行梳理。首先运用文献计量经济学的研究方法从研究领域发文现状、学科类别和期刊特征、作者及引文频次、热点研究方向等角度对国内贸易摩擦相关研究文献进行梳理；其次对国内外文献从贸易摩擦的分类、经济效应、形成动因、传导机制、缓解策略等方面进行文献述评。

第三章分析主要国家对华贸易摩擦的现状。首先，通过数据统计，找出外国对华“两反一保”（反倾销、反补贴、保障措施）贸易摩擦的总体产业分布、实施肯定性措施比例等现状，以此论证中国出口产品所面临的严峻贸易摩擦形势；其次，运用美国对华“两反一保”措施的案例来详细解析美国对华贸易摩擦的产业分布；最后，运用其他主要发达国家和发展中国家对华贸易摩擦的案例对本章提出的观点进行论证。

第四章分析中国产业内贸易发展现状及成因。首先，从理论角度厘清产业内贸易的内涵及测度方法；其次，运用主流的产业内贸易计算方法对中国整体、中美、中印等双边产业内贸易指数和分行业产业内贸易指数进行统计分析；再次，从传统国际分工和全球价值链分工的角度对中国整体及与特定国家产业内贸易的成因进行解析；最后，从产业层面对中美、中印产业内贸易影响因素进行实证分析，以期找到影响产业内贸易水平的产业结构差异因素。

第五章结合产业内贸易现状与主要国家对华贸易摩擦的产业分布状况，提出产业内贸易与贸易摩擦之间存在负相关关系这一命题，运用实证模型验证这一命题的正确性，并在此基础上将外国对华贸易摩擦划分为产业内贸易摩擦和产业间贸易摩擦。

第六章解析产业内贸易摩擦和产业间贸易摩擦的贸易效应。首先，运用 2006~2016 年美国对华发起的 56 起“双反”案件的相关贸易数据，对产业内贸易摩擦和产业间贸易摩擦对美国涉案产品进口数量、进口价值所造成的贸易抑制效应及贸易转移效应进行统计分析；其次，在此基础上建立动态面板数据模型，实证检验贸易抑制效应和贸易转移效应的强弱程度。

第七章解析产业内贸易摩擦和产业间贸易摩擦形成的动因。首先，从中美产业结构差异的角度分析中美产业内贸易的影响因素，并建立保护性贸易政策对异质企业影响的理论模型，运用美国企业面板数据解析美国对华产业内贸易摩擦的动因。其次，从国际分工的角度分析中美产业间贸易的影响因素，从要素调整成本角度建立理论和实证模型解析美国对华产业间贸易摩擦的动因。最后，对美国对华产业内贸易摩擦和产业间贸易摩擦形成的动因进行比较，分析两者之间的异同点。

第八章结合贸易政治经济学理论，首先对政治竞争模型进行扩展以解析企业利益集团对美国对华产业内贸易摩擦形成的过程，其次对 Krugman 的保护待售模型进行扩展以阐释行业利益集团对美国对华产业间贸易摩擦形成的过程，并分别运用美国对华产业内贸易摩擦和产业间贸易摩擦的典型案例，对企业利益集团和行业利益集团影响贸易摩擦的过程进行具体说明。

第九章是缓解外国对华贸易摩擦的政策措施，对于产业内贸易摩擦和产业间贸易摩擦，分别从单边和双边策略方面提出建议。

三、创新及研究展望

（一）主要创新点

（1）视角和框架创新。现有对美国对华贸易摩擦形成动因的研究主要关注国家经济安全、政府对外贸易政策、贸易模式、利益集团以及产业结构调整等因素，很少从双边产业内贸易这一“新贸易理论”角度进行分析。本书将美国对华贸易摩擦分为产业内贸易摩擦和产业间贸易摩擦，并建立相应的理论和实证模型，以分析不同类型贸易摩擦形成的动因及过程。

（2）理论创新。首先，现有文献对利益集团影响贸易摩擦的研究往往建立在贸易自由化的基础上，探讨贸易受损利益集团如何影响贸易政策进而导致贸易摩擦，本书可能的理论创新之处在于对产业内贸易摩擦的分析是建立在保护性贸易政策的前提基础之上，通过构建产业内贸易条件下的异质性企业固定出口成本的理论模型和美国企业层面的面板数据模型，分析贸易利得利益集团如何影响贸易政策进而导致贸易摩擦。其次，现有文献对“平滑调整假说”的验证都局限于发达国家间的贸易数据，而本书运用中美之间的贸易数据和美国国内的产业数据对“平滑调整假说”适用性进行实证检验，试图从产业内贸易的劳动力要素调整成本角度对美国对华产业间贸易摩擦的动因进行分析。最后，贸易政治经济学经典模型对贸易政策形成的解释大多基于传统贸易理论或新贸易理论，随着新新贸易理论推翻“企业同质”这一理论基础，“企业同质”对当前国际贸易的现实和政策的解释力度越来越弱。本书尝试性地将这些经典模型运用于新新贸易理论以解释由企业异质性导致的美国对华产业内贸易摩擦的形成过程问题。

（3）方法创新。目前，国内的研究大多还停留在贸易摩擦形成过程的经济学建模层面，贸易摩擦中国家间政治因素没有被充分发掘。本书运用经济学和政治学两个学科的基础理论，综合理论分析法、实证分析法和案例分析法详细解析美国对华贸易摩擦的形成。

（二）有待进一步研究的问题及研究展望

（1）由于数据难以收集以及个别数据的不可获得性，书中采用了多种统计口径的数据进行分析，其中，包括 BEC 分类法统计的贸易方式数据、NAICS 分类法统计的中美各产业贸易数据以及 HS、SITC 分类法统计的中美各产业贸易数据。此外，由于农产品容易受到政府补贴、配额以及进出口政策的影响而产生数值扭曲，出于对数据准确性考虑，本书忽略了对农产品贸易产业内贸易和贸易摩擦之间关系的分析。

（2）由于新式贸易摩擦的数据难以统计，本书对美国对华贸易摩擦工具的研究主要集中于反倾销、反补贴以及保障措施（包括特别保障措施）等传统的“两反一保”措施。技术性贸易壁垒是在 WTO 框架下发达国家实施贸易保护主义的有效手段，遗憾的是对这方面的数据信息比较难收集。另外，本书的研究没有涉及对特别 337 调查以及中美服务贸易摩擦的探讨，这对于全面厘清美国对华贸易摩擦问题是一个较大的缺陷，希望以后继续这方面的研究。

第二章
贸易摩擦研究文献述评

改革开放以来，中国经历了两次严峻的国际贸易摩擦。第一次是在加入 WTO 之后的过渡期内，由于出口产品尤其是劳动密集型产品出口数量的激增，导致以美国为首的西方发达国家对中国频频发起反倾销、特别保障措施等贸易保护措施。第二次是在近两年，国际单边贸易主义的盛行以及中美贸易摩擦的爆发，导致国内产品尤其是高新技术产品出口受阻。贸易形势的变化也促进了国内学者对贸易摩擦的持续深入研究。本章首先对国内学者近年来在该研究领域的高水平理论和实证研究文献进行文献计量学分析，其次从贸易摩擦的分类、经济效应、形成动因、传导机制、缓解策略等方面对国内外文献进行述评。

一、贸易摩擦的文献计量学分析

为了促进贸易摩擦领域理论和实证研究的深入开展，揭示贸易摩擦最前沿的研究方向，本书从文献计量学角度考察了我国加入 WTO 之后（2002~2019 年）的贸易摩擦研究文献。中国期刊全文数据库（CNKI）是目前国内涵盖文献数量最大、学科领域最完整，最具影响力的中文文献在线数据库，因此，本书拟以 CNKI 作为检索数据库。另外，考虑到文献质量和对实践指导意义的高低，本书在研究的过程中将根据 CSSCI 期刊的文献统计进行分析。

在研究方法上，分别以“贸易摩擦”和“反倾销”作为主题及篇名进行初次检索，对国内有关贸易摩擦研究的论文数量、年度分布、学科及期刊分布、主要作者及英文频次和研究热点选题等方面进行统计研究，以揭示贸易摩擦研究领域相关文献和作者的分布规律；然后依据文献中关键词出现的频率进行二次检索，探讨近年来研究方向和主题的变化，为贸易摩擦理论和实证发展进一步的研究方向及研究内容提供参考。

（一）研究领域发文数量分析

依据设定的检索条件进行主题①（篇名②）检索，我们查找到核心期刊文献 5276（2936）条结果，表明国内学术界在贸易摩擦领域研究成果绝对数量较大，其中，CSSCI 期刊文献 2800（1543）条结果，占总量的 53.1%（52.6%）。在 CSSCI 期刊上发表的文献比例较高，表明该研究领域研究成果的总体水平较高，相当数量的文献能够获得学界的认可。

普赖斯曲线（Price's Curve）近似地表征了科学文献随时间增长的规律，指出科学文献的增长与时间成指数函数关系。通过将统计数据输入 Excel 软件并制作成柱形图（见图 2-1~图 2-3），可以描述 18 年间国内学者在贸易摩擦研究领域文献的增长情况及其特点。

各年度研究论文的发表数量在一定程度上可以反映该研究领域的活跃程度和发展趋势。CSSCI 期刊的发文数量基本上呈现不稳定趋势，并没有出现普赖斯曲线所预测的指数增长趋势，说明该研究领域的学术研究

---

① 检索条件：（核心期刊 = Y 或者 CSSCI 期刊 = Y）并且 年 between（2002，2019）并且（（主题 = 贸易摩擦或者题名 = 贸易摩擦或者 v_subject = 中英文扩展（贸易摩擦，中英文对照）或者 title = 中英文扩展（贸易摩擦，中英文对照））或者（主题 = 反倾销或者题名 = 反倾销或者 v_subject = 中英文扩展（反倾销，中英文对照）或者 title = 中英文扩展（反倾销，中英文对照）（模糊匹配），专辑导航：全部；数据库：学术期刊 跨库检索。

② 检索条件：（核心期刊 = Y 或者 CSSCI 期刊 = Y）并且年 between（2002，2019）并且（题名 = 贸易摩擦或者 title = 中英文扩展（贸易摩擦，中英文对照）或者（题名 = 反倾销或者 title = 中英文扩展（反倾销，中英文对照）（精确匹配），专辑导航：全部；数据库：学术期刊 跨库检索。

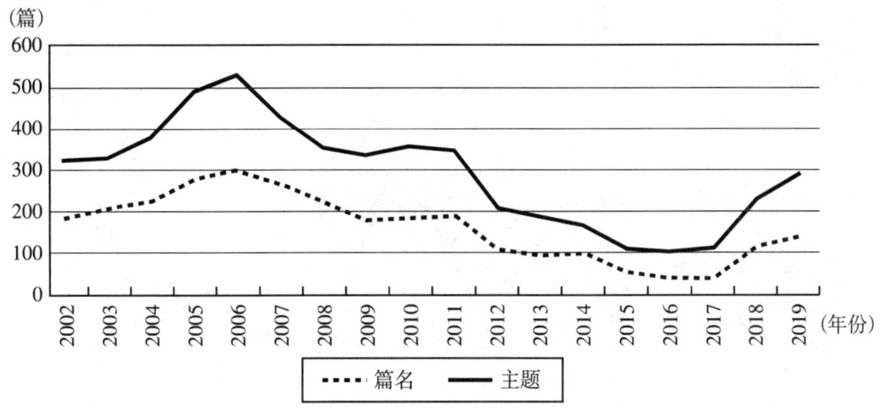

图 2-1 以主题、篇名分别检索的文献梳理年度分布

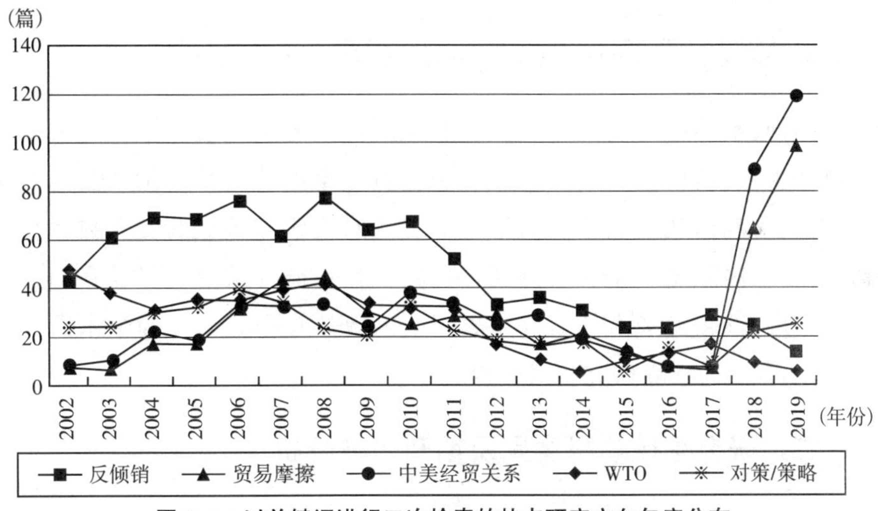

图 2-2 以关键词进行二次检索的热点研究方向年度分布

活跃程度不够，学术资源在该领域的研究上持续投入相对较少，对学者们的持续吸引力不够大。

从发文时间分布看，该领域研究出现 2 次波峰。第一次是在中国加入 WTO 之后，由于中国产品出口持续受到国外贸易保护政策的影响，学术界在该领域的发文数量出现爆炸式增长；但由于该领域缺乏新的研究热点，发文数量又呈现下降趋势。2016 年以来，以美国为首的国际单边

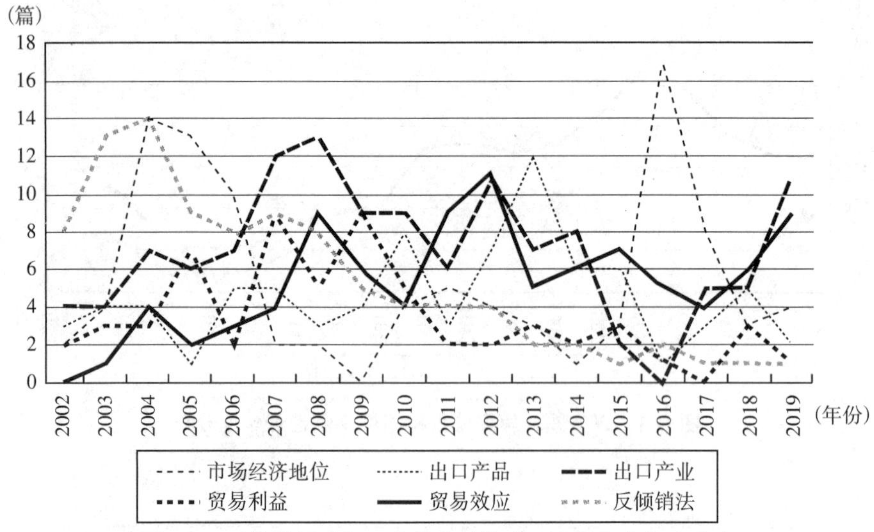

图 2–3 以关键词进行二次检索的热点研究切入点年度分布

主义贸易政策的盛行以及中美贸易摩擦的持续升级，该领域研究文献又出现较大幅度的增长，其中，关注中美贸易摩擦的文献数量增长尤为快速。因此，我们认为国际贸易形势的变化对该研究领域的发文数量存在较大影响，国际单边主义贸易政策的盛行往往能带来学术界的互动，这就意味着，该领域现有的研究主要以政府政策及企业对策为学术研究出发点，学者们的独立研究相对较少。

（二）研究领域学科类别及期刊特征分析

为了进一步明确贸易摩擦研究领域文献的学科特点，本书按照其涉及的经济学、管理学、政治学和法学等学科门类进行分类，分析不同学科在该领域研究的参与程度。经统计，该研究领域的文献学科分布极不均衡，按主题（篇名）检索的结果中，经济学领域文献 2398（1344，56%）篇，法学领域文献 367（188，51.2%）篇，管理学领域文献 122（84，68.8%）篇，政治学领域文献 51（14，27.5%）篇（见表 2–1）。贸易摩擦作为一种国际经济现象，经济学科在该研究领域为贸易摩擦的理论发展和实践指导提供了重大推力且研究更具有深度，但不可否认的是，法学、政治学、管理学等学科对该现象的解释和拓展也发挥了重要作用。

表 2-1　贸易摩擦研究领域 CSSCI 文献（篇名检索）的主要期刊分布

期刊	发文数量（篇）	占比（%）	期刊	发文数量（篇）	占比（%）
国际贸易问题	117	7.58	国际经济合作	28	1.81
国际贸易	77	4.99	亚太经济	26	1.69
国际经贸探索	77	4.99	经济纵横	21	1.36
世界经济研究	43	2.79	财经问题研究	20	1.30
财贸经济	33	2.14	国际商务研究	20	1.30

在不同学科文献数量和期刊分布的关系方面，布拉德福定律（Bradford's Law）指出，科学论文的分散与集中存在一定规律性，如果将科技期刊按其刊载某学科专业论文的数量多少，以递减顺序排列，那么可以把期刊分为专门面对这个学科的核心区、相关区和非相关区，此时核心区、相关区、非相关区期刊数量成 $1:n:n^2$ 的关系，即大量的科学文献分散在很多的相关期刊上，而集中的、重要的论文却集聚于相对少量的专业期刊。运用布拉德福定律考察贸易摩擦研究领域的文献分布可以使读者更容易地确定该领域的核心期刊并有效引导读者的重点阅读。

依据对期刊总量的统计，要达到布拉德福定律的要求，该研究领域 CSSCI 期刊中核心和相关期刊需由排名前 10 位的期刊构成。其中，《国际贸易问题》是该研究领域的核心期刊，《国际贸易》等 9 本期刊构成该研究领域的相关期刊。在这些期刊上刊载的该领域文献专业化程度、论文质量及学术价值较高，具有更高的权威性。

（三）研究领域作者及引文频次分析

洛特卡定律（Lotka's Law）揭示了作者与文献数量的关系，它描述科学工作者人数与其所著论文之间的关系：写两篇论文的作者数量约为写一篇论文作者数量的 1/4；写三篇论文的作者数量约为写一篇论文作者数量的 1/9；写 N 篇论文的作者数量约为写一篇论文作者数量的 $1/n^2$，而写一篇论文作者的数量约占所有作者数量的 60%（见表 2-2）。运用这个规律考察贸易摩擦研究领域作者与论文数量关系，不仅可以揭示该研究领域学者们的生产效率，更可确定该领域的杰出专家。

表 2-2　贸易摩擦研究领域高产 CSSCI 期刊作者分析

作者	发文数量（篇）	单位	作者	发文数量（篇）	单位
刘爱东	43	中南大学	鲍晓华	13	上海财经大学
杨仕辉	23	暨南大学	沈国兵	12	复旦大学
周灏	22	武汉纺织大学	屠新泉	12	对外经贸大学
何海燕	21	北京理工大学	谢申祥	8	山东财经大学
王晰	17	湖南农业大学	尹翔硕	8	复旦大学
龚柏华	14	复旦大学	曾辉祥	7	中南大学
李春顶	14	中国农业大学	谢建国	7	南京大学
王孝松	14	中国人民大学	陈巧慧	6	台州广播电视大学

按照洛特卡定律计算，设 N 为 43 篇、23 篇、14 篇、8 篇，则每 1000 名作者中约有 0.5 人、2 人、5 人、15 人可发表 43 篇、23 篇、14 篇和 8 篇该研究领域的科研论文。根据本书对 CSSCI 期刊文献的作者进行的统计，2002~2019 年共有 1700 余位作者参与该研究领域的研究工作，独著文献数量为 790 篇，占 51.2%。对照洛特卡定律，该研究领域高产作者（12 篇以上）基本符合洛特卡定律所揭示比例。但中间层面的研究人员力量不足，这可能跟该研究领域和国际经济现实密切相关，国际贸易保护主义升温则研究文献数量增加，贸易自由化占主流则研究文献数量减少。这在一定程度上说明该研究领域的大部分学者持续研究动力不足，研究深度有待进一步提升。

引文频次分析可以研究用户对相关资料的需求特点，文献被引证程度也是衡量该论文学术价值和影响力的一种测度标准，它能够从被利用的角度反映出相关作者在本学科领域内的影响和地位。引文频次越高，原创性水平越高，则作者对此问题的研究越具权威性和影响力，同时，引文频次的高低也为后来者进行论文检索和阅读提供了参考依据。一般来说，引文频次较高的文献大多是原创性较高的基础理论研究。表 2-3 是近年来在该研究领域引文频次超过 100 次的文献。从发表文献的被引期刊来看，这些文献大多发表在学界评价较高的权威期刊中，能获得这些期刊的认可表明文献获得了较高程度的学术认可。

表 2-3　贸易摩擦研究领域高引文频次文献分析

篇名	作者	刊名	发表时间	被引
反倾销措施的贸易救济效果评估	鲍晓华	经济研究	2007 年 2 月	226
经济影响、政治分歧与制度摩擦	谢建国	管理世界	2006 年 12 月	175
欧美对华反倾销措施的贸易效应	冯宗宪等	世界经济	2010 年 3 月	161
反倾销措施对产业的关联影响	朱钟棣等	经济研究	2004 年 1 月	158
中美贸易摩擦的原因及其解决对策	于铁流等	管理世界	2004 年 9 月	151
中国反倾销实施中的贸易转向研究	沈瑶等	国际贸易问题	2004 年 3 月	134
美国对中国反倾销的宏观决定因素及其影响效应	沈国兵	世界经济	2007 年 11 月	132
中国首次反倾销措施执行效果评估	宾建成	世界经济	2003 年 10 月	113
反倾销会计研究中的若干问题辩析	孙铮等	会计研究	2005 年 1 月	112
美国对中国反倾销的贸易效应	沈国兵	管理世界	2008 年 4 月	106
出口产品反倾销预警的经济学研究	方勇等	经济研究	2004 年 1 月	101

（四）研究领域热点研究方向分析

关键词是文献的核心与精髓，是对主题的高度概括和凝练，因此，频次高的关键词常被用来确定一个研究领域的热点问题。通过关键词出现频次的升降变化，我们可以对各学科或学科中的某一分支领域研究的热点及趋势进行梳理分析。同时，对学科研究热点和趋势的把握也有助于科研立项及学科规划。

依据关键词出现的频率对该研究领域的 CSSCI 期刊文献进行二次（主题）检索，得到关键词出现频次较多文献的检索结果如下：反倾销 850 篇、贸易摩擦 501 篇、中美经贸关系 557 篇、WTO450 篇、对策/策略

406 篇、出口产业 126 篇、市场经济地位 99 篇、反倾销法 96 篇、贸易效应 95 篇、出口产品 82 篇、贸易利益 65 篇。

相对来看，在热点研究方向中，对反倾销的研究维持了长时间的热度，一方面在于反倾销是贸易摩擦的主要形式，另一方面在于反倾销研究易于量化，相对容易发表高质量论文；对 WTO 的研究随着该机构在贸易自由化中所起的作用持续弱化而逐渐减少；对中美经贸关系和广义贸易摩擦的研究中美贸易关系紧张而暴增。在热点研究切入点中，对贸易利益的分配及反倾销法的研究持续下降；在贸易摩擦的低潮期，学者们倾向于研究贸易摩擦对具体产业或产品出口的影响；对市场经济地位问题的研究和该问题在中国加入 WTO 过渡期之处及过渡期到期之后达到顶峰；对贸易摩擦经济（贸易）效应的研究一直维持较高热度。这一特点进一步印证了贸易摩擦研究的应用性特征，文献数量与贸易摩擦发生数量高度正相关，学术界对热点问题缺乏持续研究的动力。

二、贸易摩擦理论与实证研究综述

传统贸易理论主要解决贸易自由化给贸易国带来的福利增长问题，经济学家们主要关注贸易政策的标准福利含义，认为关税有损福利，制定关税政策是非理性的，因而他们对贸易壁垒有效性的理论研究并不多见（Conybeare，1987）。然而在国际贸易发展史上，贸易保护主义浪潮却从未停止过，从特定部门的双边贸易争端，到 WTO 组织的多边贸易问题谈判无限制拖延，国与国之间的贸易摩擦层出不穷，真正的贸易自由化只是空中楼阁。

美国对华贸易摩擦和其他国家之间的贸易摩擦具有相同的属性，但由于两国在国际贸易体系中所发挥的作用不同，中美这两个世界上最大的贸易国间的贸易摩擦又具有区别于一般国际贸易摩擦的特殊属性，因此，它从一开始就得到学术界的广泛关注和深入研究。

（一）关于贸易摩擦分类的文献综述

对贸易摩擦进行研究，首先涉及的问题就是贸易摩擦的分类，只有将不同类型的贸易摩擦分门别类，才能更好地分析其形成原因、过程、影响及缓解对策（尹翔硕等，2009）。从贸易保护主义的政策工具发展历史看，在GATT协议签署之前，各国保护国内产业发展的主要政策工具是关税措施，工业化国家之间的关税壁垒往往高达30%~50%；GATT协议的签署促进了各国通过多边贸易谈判逐渐削减关税，一定程度上促进了贸易自由化的发展，但与此同时，非关税贸易壁垒也成为了各国贸易保护的主要政策工具，20世纪50~70年代，贸易配额、“自愿出口限制”、本地成分要求、歧视性政府采购政策等贸易限制措施层出不穷；随着GATT将配额裁定为不合规贸易政策，反倾销、反补贴、保障措施，301调查开始成为发达国家维持“公平贸易”的常规政策工具，但在实践中，这些贸易保护措施往往容易遭到滥用，从而构成贸易保护措施。

国外学者对贸易摩擦的分类主要体现在对贸易摩擦工具的细分上，研究者最早研究的贸易摩擦工具是关税。Johnson（1954）认为，一国谋求关税效应最大化引起对方采取相应的保护性贸易措施就会导致贸易摩擦的产生。在此基础上，Stern（1973）进一步分析了贸易配额、自愿出口限制和其他非关税措施等不同类型的国际贸易摩擦工具对摩擦涉案国国内经济贸易的影响。随着经济全球化的发展和贸易自由化的不断深入，一些更为隐蔽的非关税贸易壁垒措施受到各国青睐，学者们也将研究对象聚焦到由国内垄断性分销措施（Baron，1997）、反倾销和反补贴措施（Dixit，1988）、更为严苛的卫生检验检疫措施（Kastner and Powell，2002）、具有保护动机的技术标准（Sturm，2006）以及301条款和特别301条款（Sherman and Eliason，2006）等各种“合法”措施引起的现代贸易摩擦，并对不同贸易摩擦工具对国际经济和社会福利的影响进行了详细的阐述。

国内文献对贸易摩擦进行了更为细致的分类。赵瑾（2002）按照不同时期贸易摩擦发生的原因和特点，将贸易摩擦分为微观经济摩擦、宏观经济摩擦、投资摩擦及制度摩擦四种类型，并指出制度摩擦构成了解决当代两国贸易摩擦的关键。王雪峰等（2005）根据贸易摩擦表现的形式和发生的可能性，将贸易摩擦分为显性贸易摩擦和隐性贸易摩擦两种类型，其中，显性贸易摩擦主要表现为反倾销、反补贴和保障措施等形式，隐性贸易摩擦包括由 TBT/SPS、知识产权保护和社会责任要求引起的贸易摩擦，即指潜在的可能出现的贸易摩擦。尹翔硕（2006）按摩擦发生的领域，认为中国遭遇的国际贸易摩擦的行业领域主要发生在两个方面：一是发生在中国具有比较优势出口行业领域中的贸易摩擦，二是发生在中国具有比较劣势的技术知识和依赖进口的行业领域中的贸易摩擦，并指出前一种贸易摩擦的涉案产品基本上是竞争性产品，而后一种贸易摩擦涉案产品则对市场机制不完全起作用，因此，中国应对贸易摩擦的政策重点放在具有比较劣势的行业领域中。

涉及中美贸易摩擦领域，王领（2006）根据中美贸易摩擦在各个不同时期的表现形态，将中美贸易摩擦依据历史阶段划分为微观贸易摩擦阶段、贸易摩擦政治化阶段和宏观贸易摩擦阶段。马文秀（2010）依据两国贸易摩擦发生行业部门的竞争关系将摩擦划分为同质性摩擦和异质性摩擦，前者指竞争性行业的贸易摩擦，后者指互补性行业的贸易摩擦。杨培强等（2014）从调整成本的角度出发，发现中美双边产业内贸易水平较高的行业贸易摩擦较少发生，而在产业内贸易水平较低的行业贸易摩擦较为频繁，并将其划分为产业内贸易摩擦和产业间贸易摩擦。

（二）关于贸易摩擦形成动因的文献综述

研究贸易摩擦涉及的第二个主要问题是贸易摩擦形成的原因，许多学者在这方面做出了大量的理论和实证研究。中国是最大的反倾销目标经济体，而美国是增加反倾销活动的领导者，对两国间的贸易摩擦高频爆发的原因引起了广泛关注。White 和 Jones（2000）发现，美国的反倾销税给中华人民共和国与美国的双边贸易带来了沉重的负担。Mallon 和 Whalley（2004）认为，美国夸大了中国出口产品的倾销幅度。Blonigen 和 Bown（2003）对美国的反倾销行为进行了调查，发现美国很少对美国产品的主要进口国或积极采取反倾销措施的国家发起调查，相反，美国出口到一个国家的产品越少，采取报复性反倾销行动的能力越弱，这个国家就越有可能成为美国反倾销行动的目标。因此，中美两国反倾销能力的不对称可能是美国对华反倾销案数量巨大的原因之一。

在理论研究方面，从贸易政策的角度来看，Brander 和 Spencer（1985）提出的战略性贸易政策在一定程度上可以解释贸易摩擦产生的原因，这是因为在不完全竞争条件下，参与贸易的国家都意图夺取其他国家在国际竞争中获得的超额利润。从国际政治经济关系的角度看，Katzenstein（1978）研究表明，频繁的经济摩擦往往与国际政治经济霸权的周期变化密切相关：在霸权上升阶段，国际贸易摩擦相应减少，因为霸权国家会在很大程度上促进国际政治经济的开放；而当霸权衰退时，霸权国家习惯性地推行贸易保护主义，从而导致国际贸易中的摩擦相应增加。从国际宏观经济的角度看，Gomory 和 Baumol（2000）分析表明，工业化国家将在帮助其贸易伙伴发展新产业、提高本国生产效率的过程中受益，但该贸易伙伴的发展一旦威胁到自身国家的利益，那么贸易摩擦就不可避免。Bown 和 Crowley（2013）通过研究宏观经济波动对贸易保护政策的影响发现，临时性贸易壁垒会在进口国及其主要进口来源国经济低迷时有所提高。从微观的企业角度看，Baron（1997）认为，国内（非）企业依据自身利益制定的综合竞争策略向本国政府游说以得到保护性贸易政策的寻租行为，在一定程度上导致了两国贸易摩擦的产生和激化。这五篇文献在一定程度上为我们对贸易摩擦成因进行分析提供了经济学、政治学的理论基础。

从目前国内文献对国外对华贸易摩擦的研究来看，学者们主要从政治经济学理论和传统经济学理论两个路径解释贸易摩擦产生的动因。

一类是政治经济学理论路径。李淑俊等（2010）认为，国际层面的国际机制与相互学习、国内层面的公众与官僚机构互动，这两者所形成的共同利益因素是引发美国对华贸易摩擦的主要动因。周喆等（2103）认为，意识形态、政治制度及政府动机差异对贸易摩擦走势产生了重要影响。赵倩等（2014）认为，以美国总统大选衡量的政治周期和以失业率衡量的经济波动激化是美国对华反倾销激增的重要原因。李双双等（2018）认为，美国国内结构性问题难以解决而转向民粹主义政策取向，以及特朗普个人和团队特质是中美贸易摩擦升级的政治经济逻辑。黄汉民等（2019）认为，大国崛起中守成大国与新兴大国之间政治经济利益的综合冲突是当前中美贸易问题冲突的本质。沈伟（2019）认为，中美贸易摩擦反映的是“修昔底德”陷阱的遏制和反遏制的逻辑。王明进（2019）认为，中美贸易摩擦是美国新自由主义主导的全球化负面效应累积的结果，其在社会思潮中的表现则是民粹主义、民族主义和经济问题的政治化。

还有一部分学者从马克思主义政治经济学的角度分析了中美贸易摩擦产生的深层原因。方向等（2018）运用马克思主义霸权周期解释了特朗普政府强势推行基于新重商主义的贸易保护政策目的在于使霸权衰落的美国再次伟大。孙艳春（2018）基于马克思剩余价值分配理论进行分析，得出的结论是中国改革开放和“中国制造 2025”严重阻碍了美国资本依靠原有分工格局在全球范围内攫取剩余价值是中美贸易摩擦升级的主要原因。方兴起（2019）基于马克思产业资本理论的分析认为，美国去工业化和加速服务业的发展破坏了美国现代化经济体系的核心构造，只有通过贸易霸凌主义措施才能实现制造业“再次伟大”。甄学涛等（2019）认为，资本的“美国样态”和“中国样态”之间的碰撞和冲突是分析中美贸易摩擦的重要维度。

另一类文献则基于纯经济理论，国内学者对这一因素的研究更为广泛，我们将其进一步细分为微观、中观和宏观三个层次介绍。从微观的企业角度看，学者们将美国对华贸易摩擦主要归因于市场失灵、出口国和进口国企业的市场策略等因素。冯耀祥（2008）认为，由于要素禀赋的变化、技术水平的进步而导致产品市场存在市场失灵时，国内产品和进口产品的市场竞争使得贸易摩擦不断发生。冯正强（2006）认为，中国企业往往忽视国外竞争对手的状况，对国外市场的动态变化普遍缺乏敏感度，这种信息的不完全使本企业出口的产品容易遭受国外市场的贸易摩擦。李春顶（2007）指出，进口国企业还可以通过控制本国的销售渠道、用垄断来强化自己的优势，还会采用非市场策略维护一定空间的非竞争市场使自己得利，但贸易摩擦因此而产生。

从中观的行业角度看，学者们将美国对华贸易摩擦主要归因于两国产业结构差异、全球价值链分工地位、技术赶超等因素。王亚飞（2005）认为，美国经济结构调整、中美贸易不平衡、东亚地区区域性产业结构调整等是导致美国对华贸易摩擦深刻的结构性原因。余振等（2018）通过实证研究发现，中国与贸易伙伴在某行业全球价值链分工地位越接近，中国与该贸易伙伴发生贸易摩擦的频率越高，体现在相关行业的贸易摩擦数量越多。蓝庆新（2019）认为，中美之间的矛盾根源在于双边经济的结构性矛盾，尤其是中国在全球价值链分工体系中的地位逐渐攀升而导致中美双方贸易竞争性增强。邓路等（2019）通过行业层面实证检验发现，行业技术进步越快，该行业遭遇他国贸易救济行为的可能性越大。

从宏观经济的角度看，学者们将美国对华贸易摩擦主要归因于就业保护、美国出口管制及经济周期等因素。李春顶（2008）通过建立理论和实证模型证实了贸易国为保护就业会采取相应产业政策措施，从而导致劳动密集型产业以及价格劳动需求弹性大的产业容易遭受贸易摩擦。黄晓凤等（2011）指出，美对华高技术产品出口管制与中美贸易失衡存在长期稳定的均衡关系，且具有相互促进的“放大效应”。贾玉成等（2019）通过实证研究发现，经济下行趋势扩大贸易摩擦规模显著，东道国和母国的经济政策不确定性与贸易摩擦显著正相关。姚洋（2019）从经济增长角度解释贸易摩擦的两个维度：一是当一国增速（相对）放缓时往往倾向于挑起贸易摩擦，二是当国家间增速变动较大时可能激化贸易摩擦。

此外，国内还有几篇文献从跨学科的角度对美国对华贸易摩擦的形成原因进行解释。李春顶（2007）认为，美国民众虽然知道中美之间的贸易有利于他们的总体福利增加，但双边贸易不平衡导致的失衡心理也会刺激他们做出非理性的行为，从而导致贸易摩擦的发生。何泽荣等（2011）认为，美国的文化霸权或霸权价值观理念决定了美国国家利益的霸权性和扩张性，从而导致美国在中美经贸关系中频繁制造贸易摩擦。冯伟业等（2017）认为，知识产权保护制度差异及国内市场主体知识产权保护意识淡薄是外国对华产品发起 337 调查的重要原因。陈继勇（2018）认为，原产地规则、转口贸易和服务贸易等统计方法上的重大缺陷造成了美中货物贸易逆差虚高。

从以上文献的研究成果看，学者们将美国对华贸易摩擦的形成动因主要归结为美国对中国的战略遏制、利益集团、不同要素驱动的贸易模式、经济或产业结构差异，等等。这些文献对美国对华贸易摩擦形成原因的研究，丰富了我们对贸易摩擦的认识，但也存在着以下方面的不足：一是部分研究割裂了美国对华贸易摩擦中政治因素和经济因素的联系，单纯地利用经济因素或政治因素解释美国对华贸易摩擦成因，将两者结合起来的文献不多见；二是多数文献采用规范分析的方法研究美国对华贸易摩擦，得出的结论往往缺乏实证检验的支持；三是关于美国对华贸易摩擦形成原因的部分实证分析侧重于经济方面的因素，较少把经济因素和政治因素纳入到同一个实证分析框架中，因而难以深刻揭示美国对华贸易摩擦形成的过程；四是这些文献对贸易摩擦的划分较为笼统，也很少详细解析摩擦的形成过程，在此基础上提出的对策会存在一定程度上的局限性。

（三）关于贸易摩擦形成过程的文献综述

传统贸易和经济理论能够在一定程度上解释贸易摩擦的形成动因，但是，单纯利用这些理论无法完全解释贸易摩擦的形成过程，因此经济学家们开始引入贸易的政治经济学分析方法，即在公共选择理论的范式下，运用数理模型在纯贸易理论与政治学框架间搭起的桥梁来分析贸易政策决策的“内生”过程以及结果。其中，对“利益集团”的研究是该理论的核心内容之一，这种分析方法增加了我们对贸易摩擦背后的动态政治经济过程的理解（盛斌，2000）。

在利益集团对贸易政策制定的内生性形成过程方面，许多学者提出了不同的政治经济学模型。Findlay 和 Wellisz（1982）建立的关税形成函数模型认为，利益集团可通过投入相应的游说支出对政策决策部门进行游说，从而使得政府制定的贸易政策偏向自身利益，因此，利益集团对政府决策部门的游说对贸易政策的制定具有决定性的影响。Grossman 和 Helpman（1997）将特殊要素模型引入其所建立的保护待售模型，结论认为本国政府不仅最大化国民福利而且还关心每个利益集团的捐献，利益集团只捐献给执政政府的目的在于影响政府的贸易政策。Hilman（1982）建立的政治支持模型认为，政府贸易政策制定的目标是为了寻求政治支持最大化的自利动机，而不是为了追求社会总福利水平的最大化，而对衰退产业的保护则有可能会导致该产业的加速衰退。Magee 等（1989）提出的政治竞争模型认为，政党制定关税水平的依据是利益集团的捐献水平，但还会考虑到自身能赢得选票的多少，只有当关税上升造成市场扭曲减少的选票等于由于利益集团的捐献而增加的选票时，政党提供的关税水平达到最优。Matschke 和 Sherlund（2006）考虑了以往政治经济学理论模型都忽视的工会力量，他们对保护待售模型从劳动力市场方面加以扩展，以研究工会对最优关税的影响，结论是工会力量对美国贸易政策的决定是至关重要的。

在利益集团对贸易政策的影响过程方面，学者们从以下三条路径展开：一是“要素”路径，在贸易政策的制定过程中，相同要素所有者具有相同的贸易政策偏好（宋国友，2004），比如在 H-O 模型中充裕要素生产者会从贸易中获益，稀缺要素所有者则会受损，因而由不同要素所有者的集合形成的利益集团会在贸易政策上有不同的偏好；二是“行业”路径，由于突破了“要素”路径下生产要素可以在行业间自由流动的假设，该路径主要解决“要素专有性”问题，Ricardo-Viner 模型证明，在要素不能完全自由流动条件下，贸易增长会使得投入出口行业专用要素的所有者偏向自由贸易政策，而投入进口竞争行业专用要素的所有者则偏向保护性贸易政策；三是“企业”路径，由于突破了“行业”路径下“企业同质”的假设，这一路径主要解决“企业异质性”问题。Milner（1988）认为，那些最少依赖出口的企业或企业利益集团往往通过要求贸易保护以回应进口商品的竞争，那些出口型企业或企业利益集团对待贸易增长的政治游说偏好则会阵营分化——有些倾向贸易保护而另一些希望自由贸易，出口及跨国经营性公司则偏好贸易自由和增长。

由于国际贸易增长带来的资源重新配置效应和贸易利得在不同的行业或部门间分配不均会导致代表不同利益群体的利益集团在贸易政策的选择上对政策制定者形成不同的压力，从而有可能导致贸易保护主义政策的产生。现有文献大多是在传统贸易理论或新贸易理论的基础上，从“要素”或“行业”路径解析利益集团对贸易摩擦形成过程的影响，而从“企业”路径解释这一问题的文献则不多见。在“要素”和“行业”利益集团分析路径下，贸易政治经济学理论表明，与贸易受益者相比，利益受损者常常是一个更知情、更团结、更有组织的集团，它们的呼声更高，对政府的压力强度更大，政府政策必然会更多地反映这些利益集团的要求（柳剑平，2009）。然而，在“企业”利益集团分析路径下，柳剑平（2012）得出了与之截然相反的结论：在“企业”路径下，保护性贸易政策能够使得非出口企业获得更大的利得，而出口企业的利益损失则不明显，因而出口企业利益集团和非出口企业利益集团在游说能力上的悬殊对比使得后者在贸易政策的竞争中更容易占据优势，美国对华贸易摩擦极易发生。

对于利益集团影响贸易摩擦的途径，在贸易政治经济学的分析框架下，许多学者进行了深入研究。由于贸易政策对不同利益集团带来不同的影响，代表不同利益集团利益的游说者或国会议员就有动力对相关政治团体进行游说（马述忠，2007）。作为不同群体的代表，利益集团影响美国贸易政策的路径主要是提出实行某项特殊的贸易政策要求，国会和行政部门做出反应，继而引发国内各不同利益集团关于贸易政策的辩论与游说，最终形成一定的贸易政策与措施（齐东锋，2006）。从利益集团对政策的影响过程看，通过影响议员的政策倾向进而影响国会立法无疑是利益集团利益表达的最主要形式（唐宜红等，2007），因此，在美国的贸易保护政策市场上，不同利益集团各显神通，使用各种手段以确保自己的利益诉求以法案的形式得以通过。如果这项政策或措施加强了对国内相关行业的保护，则会引发与外国的贸易摩擦。

在利益集团对贸易政策影响结果的研究文献中，尹翔硕等（2008）指出，“边际保护”思想使美国贸易政策偏向于保护夕阳产业（利益群体）从而滋生和激化贸易摩擦。宋志刚（2010）通过建立两国贸易摩擦的一般性博弈分析框架，探讨了利益集团如何通过影响本国贸易政策的制定以实现自身利益最大化的内在过程。梁碧波（2009）通过实证研究证明，在美国对外贸易政策的形成和制定中，利益集团对美国贸易政策的影响是“边际性的”，利益集团的院外活动并不能为本行业带来明显的“额外保护”。

总体来看，目前国内外的研究大多停留在贸易摩擦形成过程的经济学建模层面，贸易摩擦中国家间政治的相关因素没有被充分发掘，从政治因素层面对贸易摩擦的研究仍然非常单薄且不成体系。此外，这些研究大多采用复杂的数学模型进行论证，很少将现实经济生活中的案例运用于其中，在政治学、经济学的解释上较为薄弱。

（四）关于贸易摩擦缓解措施的文献综述

国外文献基本沿着以下三方面策略来研究国际贸易摩擦的应对策略：一是依靠贸易摩擦国之间的协调和谈判来解决贸易摩擦，Baron（1997）指出，政府间的谈判均衡是一个纳什博弈的结果，均衡点的位置由双方的谈判技巧、在谈判中的地位以及贸易双方重要性的程度来决定，如果一国在出口和经济发展方面对另一国存在着严重的依赖性，或者处于贸易顺差国地位，那么在谈判中，他将会处于不利地位。二是通过企业之间的博弈来化解协调摩擦，Baron（1997）指出，一个企业如果在对方不合作情况下，有足够的能力通过惩罚策略让其蒙受更大的损失，则“大棒加胡萝卜”足以使相互的合作和摩擦化解成为子博弈纳什均衡。三是用超国家的协调机制解决摩擦问题，Bown（2004）以经验分析方法研究违背GATT规则的国家寻求保护的原因，并说明贸易报复的是否有效及这种效果的大小甚至会对一国政府的政策制订造成影响，这无疑对解决贸易摩擦有着关键性作用。除了这三个方面的应对策略之外，Sherman和Eliasson（2006）还提出并证明了非国家力量①在解决贸易争端中的作用。

具体到美国对华贸易摩擦，美国国会报告（2005）认为，解决美国对华贸易摩擦的根本方法是督促中方更好地履行承诺，美国建议更多因此遭受损失的国家应积极利用WTO争端解决机制促使人民币升值。美国贸易代表办公室报告（2005）指出，应利用中方对美方较强的依赖性促使中方进行改革并放弃目前的运行机制及其政策。同时，美方进一步提出应联合欧盟、日本等同盟方对中国共同施加压力，使中方取消各种非法补贴，加强知识产权保护，提高劳工待遇。

在贸易摩擦的缓解对策上，国内学者主要研究中国如何应对出口贸易中的贸易摩擦问题，这些文献大多从政府、行业和企业行为三个方面提出应对策略。从政府角度看，于铁流等（2004）强调了处理外国对华贸易摩擦适时采用政府采购等贸易安抚政策等措施对改善双边贸易关系能起到较好的效果。余菲（2007）认为，中国政府应当采取政治、外交和法律等多种手段，更应该充分利用WTO争端解决机制，促使美国更正其对华反倾销不公平的规则与实践，同时加大力度做好取得完全市场经济地位的工作。秦玉娈等（2007）指出，政府应加快反倾销人才培养，有必要建立反倾销预警机制和反倾销应诉奖惩机制以鼓励企业积极应诉，

① 非国家力量是指受贸易摩擦影响的国家通过对对方国家政府及其官员的游说行为等措施，以达到更有利地解决贸易摩擦的目的。

同时，要充分利用反倾销调查国的公共利益条款。

从行业的角度看，余晖（2002）认为，行业协会应加强反倾销的宣传培训工作，开展产业损害调查研究主动指导企业开展反倾销起诉应诉工作，制定各行业重点产品指导目录，帮助企业从全球竞争角度制定和实施产品竞争战略，并加强企业出口自律工作。应瑞瑶（2004）指出，行业协会应加强自身功能完善，发挥比较优势，代理反倾销应诉，从而在世贸组织框架下减少外国对华反倾销案件的数量，提高我国产品的国际竞争力。余菲（2007）认为，行业协会应立足于建立企业自治和为它们出口及相关生产销售提供服务的机构，同时应当针对美国对华反倾销中不公平的共性问题制定严谨而有效的工作目标和策略，协助中央政府交涉、谈判和法律行动。马文军等（2018）的相关研究，也有着很好的启发价值。

从企业的角度看，姜雪梅（2004）指出，企业应完善自身的财务制度以应对贸易摩擦中的财务审查，对于替代国的选择要及时进行抗辩，同时应积极利用反倾销手段，起诉外国对中国的产品倾销，寻求在反倾销领域国际间的相互制约。裴长洪（2005）提出，企业在进行国际化经营时要运用灵活多变的市场战略，利用对外直接投资的方式减少贸易摩擦带来的消极影响，必要时可以积极采取 WTO 争端解决机制来积极应对。李春顶等（2009）从贸易政治经济学的角度给出以下建议：一是重视政治游说工作，争取贸易利益；二是注意游说效率，选择最优的政治捐献；三是注意它国贸易壁垒的可容忍临界值，规避贸易报复。

除此之外，还有一些学者从第三方力量、制度差异、战略性出口关税等方面提出缓解美国对华贸易摩擦的对策。马常娥（2005）指出，要充分借助第三方力量[①] 来应对贸易摩擦，争取最大限度地减少由于贸易摩擦所引起的不利影响。蔡洁（2007）运用博弈的方法分析得出，中国应

① 第三方力量包括进口商品的代理商和销售商、遭遇贸易摩擦方聘请的国外律师、进口商品的购买者和消费者等。

从政治、经济、历史文化方面采取相应对策加强制度差异的协调，以减少与贸易伙伴间摩擦的发生。方勇等（2011）认为，通过战略性出口关税来缓解贸易摩擦的效果要优于使用其他战略性贸易政策，这有利于调整出口产业结构，培育出口企业自身能力，并与中国的长期发展目标相吻合。

总体来看，现有文献对美国对华贸易摩擦缓解对策的研究在一定程度上为政府、行业、企业应对贸易摩擦提供了可行的应对方式，但正如前文所述，不同类型的贸易摩擦具有不同的形成动因和过程，因此，我们在提出对策时，只有了解中美不同贸易摩擦的特征才能提出更具针对性的对策。

第三章
外国对华贸易摩擦现状

现阶段外国对华贸易摩擦主要表现形式为对进口产品实施显性的“两反一保”措施和隐性的严苛技术性标准（如技术贸易壁垒、绿色贸易壁垒、337 调查等）。虽然两者都是 WTO 规则体系下合规措施，但对目标国和实施国的进出口贸易存在较大影响。首先，“两反一保”措施实施时间较长，这对目标国所有同类产品出口数量变动影响较大；而严苛的技术性标准一般只具体针对检验不合格的某产地某批次的产品或涉嫌知识产权侵权企业，对目标国产品出口数量变动影响相对较小。其次，“两反一保”措施的实施可能引发目标国的报复，对目标国产品出口也会产生较大影响；而严苛的技术性标准一般不会引发目标国报复，对目标国产品出口也不会产生影响。此外，由于新式贸易摩擦的数据难以统计，本书研究贸易国对华贸易摩擦主要集中于反倾销、反补贴以及保障措施（包括特别保障措施）等传统形式的“两反一保”措施。

在国外对华贸易摩擦案件统计方面，本书将研究基于显性贸易摩擦立案调查数量。之所以选择立案数而不是最终措施数量，原因在于后者一定程度上低估了贸易摩擦潜在的保护效应。已有大量的文献表明，反倾销/补贴立案调查往往能有效震慑外国出口商的大量出口（Leidy，1997）。此外，从摩擦的立案调查到最终措施实施往往要经历很长的时间（大约为 1 年），而这期间的贸易政策可能存在较大变化。

一、中国出口产品面临的贸易摩擦总体状况

自 1979 年第一次针对中国的反倾销调查以来，由于中国经济的快速发展和国际贸易的增长，针对中国的贸易救济措施的数量大幅增加。此外，针对中国的年度贸易救济案件总数及在全球所占比例也在逐年上升。

（一）外国对华贸易摩擦立案数量统计分析

根据中国贸易救济信息网统计，2002~2019 年，全球发起的 4472 件贸易救济案件中，反倾销 3649 起，占比 81.49%；反补贴 403 起，占比 9%；保障措施及特别保障措施 426 起，占比 9.51%。其中，针对我国发起的 1675 起贸易摩擦立案中，反倾销 1131 起，占比 67.52%，反补贴 169 起，占比 10.09%，保障措施 289 起，占比 17.25%，特别保障措施 86 起，占比 5.13%。如图 3-1 所示。

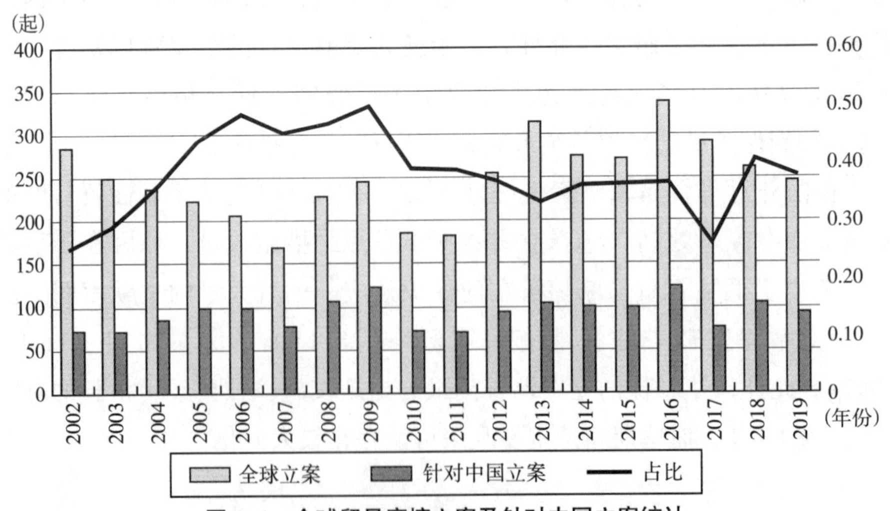

图 3-1　全球贸易摩擦立案及针对中国立案统计

资料来源：根据中国贸易救济信息网数据整理得出。

从案件数据统计中可以看出，我国出口产品面临的外国贸易摩擦立案的大多数年份数量接近或超过总案件数的40%，而与此相对应的是2018年我国出口产品总额仅占全球贸易总额的12.6%，这意味着我国出口产品面临外国贸易摩擦立案的概率是全球平均水平的3倍以上。如图3–2所示。

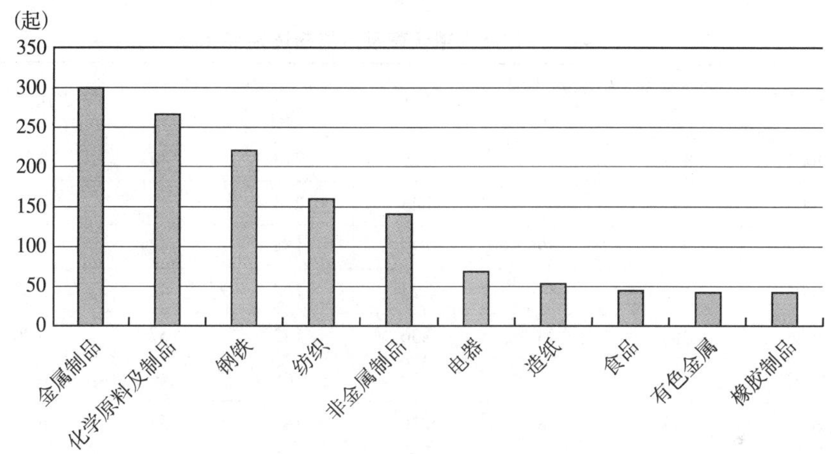

图3–2　针对中国贸易摩擦立案的主要行业分布

资料来源：根据中国贸易救济信息网数据整理得出。

2002~2019年，全球对我国各行业发起贸易摩擦案件总计1675起，其中，排名前三的行业分别为金属制品300起（17.91%），化学原料及制品267起（15.94%），钢铁220起（13.13%）。在主要涉案产业中，除了化学原料及制品、电器、造纸等行业，其他行业均为我国出口比较优势较大的传统劳动密集型行业。

（二）外国对华贸易摩擦形式调查统计分析

中国的“入世”协议中包含了非常严苛的反倾销和保障措施的条款。贸易伙伴可以利用这些规则，针对中国出口产品实施更高的贸易壁垒，如在针对中国的反倾销调查中使用非市场经济地位，使用特殊的过渡性产品特定保障条款。

外国对华反倾销调查方面，根据 WTO 统计，2002~2018 年全球共开展了 3806 起反倾销调查，其中，实施反倾销措施的案件 2686 起。在这些案件中，针对中国的调查和措施分别达到 1327 起和 804 起，在全球反倾销调查和措施总数中，分别占 35%和 30%，针对中国的案件总量和年度数量均居世界前列。

表 3–1 全球反倾销调查及措施描述性统计

年份	全球立案（起）	针对中国（起）	占比（%）	肯定性措施（起）	针对中国（起）	占比（%）
2002	311	50	0.16	218	36	0.17
2003	234	53	0.23	224	41	0.18
2004	221	49	0.22	154	44	0.29
2005	198	53	0.27	138	42	0.30
2006	203	73	0.36	142	37	0.26
2007	165	61	0.37	105	46	0.44
2008	218	78	0.36	143	54	0.38
2009	217	78	0.36	143	57	0.40
2010	173	44	0.25	134	56①	0.42
2011	165	51	0.31	99	37	0.37
2012	208	60	0.29	121	36	0.30
2013	287	76	0.26	161	52	0.32
2014	236	63	0.27	157	40	0.25
2015	229	70	0.31	181	61	0.34
2016	298	93	0.31	171	46	0.27
2017	249	55	0.22	192	58	0.30
2018	194	57	0.29	203	61	0.30
总数	3806	1327	0.35	2686	804	0.30

资料来源：根据 WTO 网站（http：//www.wto.org/english/tratop_e/adp_e/adp_e.htm）数据整理得出。

① 由于反倾销立案到终裁一般经历 12~18 个月，因此个别年份肯定性终裁数量有可能超过立案数量。

从表 3-1 的统计数据来看，自加入 WTO 以来，中国历年来遭遇的反倾销调查立案和肯定性措施的数量一直维持高位，在全球经济下行周期（2006~2010 年）尤为突出。占全球 35%的立案数量和中国在国际贸易中的地位严重不匹配，说明“入世”协议中的过渡性条款极易导致国外对华贸易摩擦。在实施肯定性措施的案件中，虽然中国占比与全球平均水平持平，但在中国“入世”初期（2002~2050 年），针对中国的反倾销立案转化为肯定性终裁的比例（79.5%）远高于全球平均水平（70.5%），说明中国“非市场经济地位”认定对中国反倾销调查最终结论认定极为不利。此外，在立案到肯定性措施转化的案件中，发达国家对华贸易摩擦的转化比例远高于发展中国家，这意味着发达国家对中国的反倾销调查极易导致反倾销税的征收。

2006 年以前，反倾销反补贴同时调查（以下简称“双反”）调查一直被认为是以出于维护国际贸易公平的目的而被人所知道，只有少数几个发达国家（美国、加拿大和澳大利亚）对其他国家的进口产品进行“双反”调查。然而，2006 年后，越来越多的国家开始对国外产品发起“双反”调查。如表 3-2 所示。

表 3-2 中国出口产品遭遇“双反”调查案件统计

年份	全球“双反”调查数（起）	针对中国“双反”调查数（起）	针对中国“双反”占比（%）
2006	5	2	40.00
2007	7	7	100.00
2008	11	8	72.72
2009	22	11	50.00
2010	3	2	66.67
2011	18	9	50.00
2012	10	5	50.00
2013	18	9	50.00
2014	33	11	33.33
2015	15	4	26.67

续表

年份	全球“双反”调查数（起）	针对中国“双反”调查数（起）	针对中国“双反”占比（%）
2016	23	13	56.52
2017	26	9	34.62
2018	33	18	54.55

资料来源：中国贸易救济信息网。

从中国“双反”占比构成来看，大部分年份占比超过一半，说明中国是众多遭受国中最大的受害者。2010 年前只有个别年份“双反”调查数超过 10 起，调查的强度并不大；但从 2011 年开始，每年全球发起的“双反”调查数都在 10 起以上，且有逐年增加的趋势，个别年份甚至超过了 30 起。相比于单独反倾销调查，“双反”调查的肯定性终裁比例更高，而且一旦执行肯定性裁决，中国出口产品不仅面临高比例的反倾销税，同时还需缴纳惩罚性的反补贴税，因此对出口影响极为不利。

保障措施一般是指一国在某种产品进口急剧增长国内同类竞争厂商产业遭受实质损害或实质损害威胁时，通过提高进口关税等临时性进口限制措施手段对国内产业进行保护。在 WTO 体系内，贸易量小的发展中

图 3–3　外国对华保障措施（特保）立案数量年度分布

资料来源：根据中国贸易救济信息网数据整理得出。

成员国已经成为频繁使用保障措施的主力军（宏结，2011）。此外，在中国的“入世”协议中，“特别保障措施”（以下简称“特保”）条款还规定WTO成员可以只针对中国出口的相关产品采取贸易保障措施。

从图3-3的统计数据来看，中国在“入世”初期经历了较为严峻的保障措施调查，但从2006年开始，该项调查逐渐趋于平稳。发达国家对华共发起66起保障“特保”措施，但其中“特保”措施高达54起，这些国家充分利用了“入世”协定相关条款对中国出口纺织、家具等劳动密集型产品进行限制。对华保障“特保”措施调查的申诉国主要是发展中小国（280起），其中，“特保”措施调查的数量仅为32起。在所有的保障“特保”措施立案案件中，共有154起（44.51%）案件得到申诉国的否定性裁决，这一比例远高于外国对华贸易摩擦总体裁决的平均水平，立案调查的警示意味较为明显。

二、美国对华贸易摩擦现状

自中国“入世”以来，由于世界贸易组织的存在，美国对华贸易摩擦进入了一个新的制度化摩擦的历史阶段。由于中美贸易额的迅猛攀升，以及美国在中美贸易中的贸易逆差不断扩大，中美贸易不平衡不仅引起了美国国内的普遍关注，而且成为了美国国会和利益集团为寻求政治及经济利益而鼓动对中国实施贸易保护政策的借口。在这一时期内，美国对华发起反倾销的频率空前提高，并由此带来了世界其他国家对中国反倾销的浪潮。与此同时，纺织品贸易“特别保障措施”频繁使用，特别是美国国内各利益集团和国会议员在维持对中国“非市场经济国家”定位的问题上也不遗余力地通过各种途径施加影响。

依据中国贸易救济信息网的信息，2002~2019年，美国共对中国出口产品发起了255起“两反一保”贸易救济调查，涉案产品数量累计168

项[①]，涉案产品出口金额达到515.3亿美元。在实施过程中，美国习惯使用替代国、分别税率、公共机构、外部基准等不公正与不公平的措施，严重影响到中国产品出口到美国市场。从统计的结果来看，2002~2018年，美国对华贸易摩擦的实施方式仍以反倾销调查为主，同时还加大了对华实施“双反”调查、保障措施和特别保障措施等保护手段，如图3-4所示。

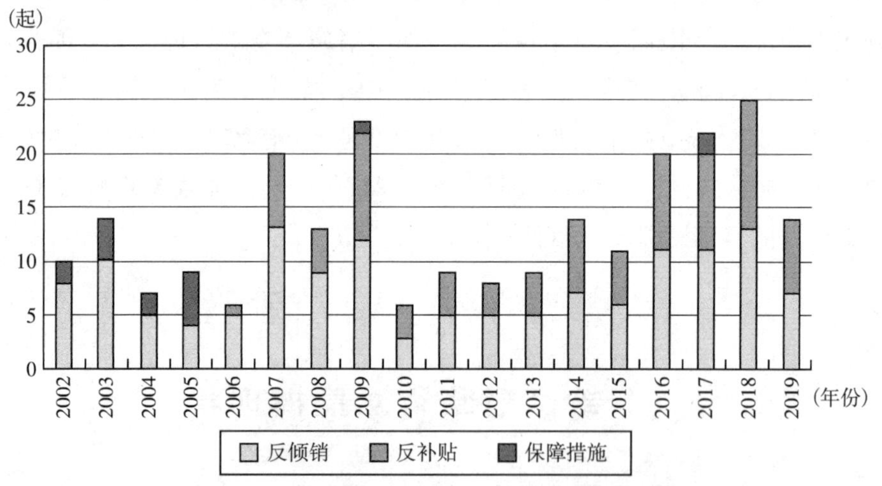

图3-4 2002~2019年美国对华贸易摩擦立案数量

资料来源：根据中国贸易救济信息网数据整理得出。

从图3-4中可以看出，美国对华贸易摩擦具有四个阶段性的特征。第一个阶段是2002~2006年，中国加入WTO后美国对华贸易摩擦数量激增，但随着中国逐渐履行“入世”承诺使得摩擦数量逐渐减少，由2003年的12起减少到2006年的6起；在此期间，美国对华贸易摩擦的工具主要是反倾销，配合一定数量的特别保障措施，反倾销和反补贴合并调查只在2006年发生过一起。第二个阶段是2007~2009年，这一时期的政

① 在统计中，有52起单独反倾销调查涉案产品54项，有84起“双反”调查（同时记录在反倾销和反补贴案件中）涉案产品共87项，有15起保障措施（特保）调查涉案产品共27项。

治经济背景是全球金融危机爆发导致贸易保护主义横行，中美贸易也很难独善其身，2007 年和 2009 年，美国对华贸易摩擦高达 20 起和 23 起，其中“双反”措施分别高达 7 起和 10 起；随着中国经济在危机中良好表现的促进作用，全球经济也逐渐回暖，2010 年美国对华贸易摩擦又减少至 6 起；在此期间，美国对华反倾销数量逐渐减少，但与之相伴随的是美国对中国进口产品的反倾销和反补贴合并调查却不断增加，对华施压的政治意图愈发明显。第三个阶段是 2010~2015 年，由于全球经济走势转好以及美国国内政治的平稳过渡，对华贸易摩擦数量在低位平稳震荡（10 起以内）。第四个阶段是 2016~2019 年，由于美国总统选举的激烈竞争及特朗普政府当选后逐步兑现对选民的承诺，导致美国贸易单边主义思潮盛行，而中美贸易成为当选政府“再工业化”和“美国利益优先”的重要突破口，导致对华贸易摩擦急剧增加。

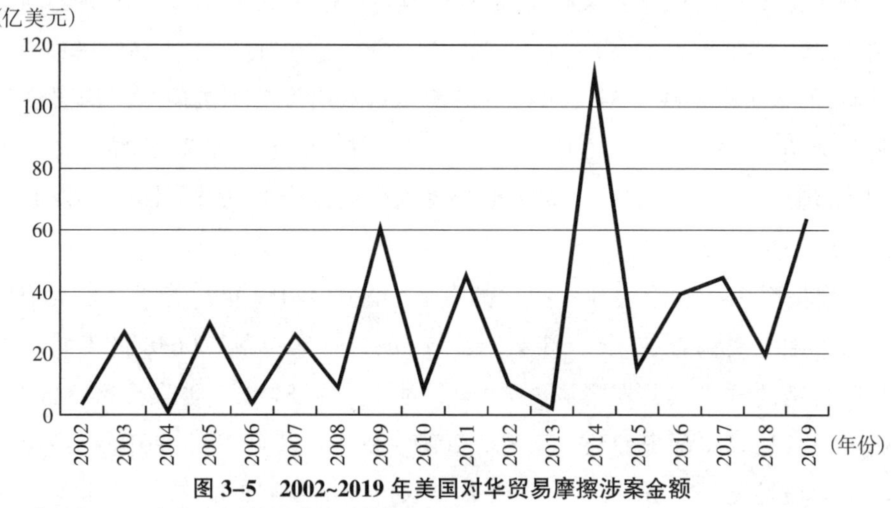

图 3-5　2002~2019 年美国对华贸易摩擦涉案金额

资料来源：根据中国贸易救济信息网数据整理得出。

从图 3-5 中可以看出，美国对华贸易摩擦涉案产品金额具有两个阶段性的特征。第一阶段是 2002~2012 年，在此期间涉案产品金额呈现典型的波浪形特征，偶数年涉案金额较少（10 亿美元以内），而奇数年涉案金额则畸高（超过 20 亿美元）。一方面，这一特征与图 3-4 中的贸易摩擦立案数量走势相吻合；另一方面，这一特征可能与美国国内的政治周期密切联系，在美国的“民主”政治体制中，美国总统选举每四年举行一次，国会选举每两年举行一次，无论总统还是议员当选后一般都会兑现选举承诺，而对华贸易摩擦则是政治家们相对容易兑现的承诺①。第二阶段是2014~2019年，在此期间涉案产品金额急剧上升并维持在20亿美元以上，一方面，这一时期对华“双反”调查不断增加；另一方面，美国共和党内部为了获得更为广泛的“铁锈地带”选民支持，针对中国特定竞争性产品出口实施了更加严苛的保护措施。

（一）美国对华反倾销调查现状

在美国对华贸易摩擦中，对华提起反倾销立案调查一直是美国对华实施贸易救济措施的主要手段。尤其是中国2001年加入WTO以来，美国对中国实施的反倾销案件数量占其国内反倾销数量总数的比例已高达20%~25%（刘敏，2008），而在“入世”前，这一比例仅为15%左右。一方面，“入世”后中国对美出口产品增长过快引发美国国内生产商恐慌从而频繁诉诸ITC；另一方面，中国加入WTO议定书中签署的有关中国“非市场经济地位”的条款规定也为美国行业或企业利益集团对华发起反倾销的一个重要依据。

根据图3-4和附表3-1提供的数据，2002~2019年，美国对华实施反倾销单独立案调查52起，涉案产品54项，涉案金额52.648亿美元；涉及反倾销的“双反”立案调查84起，涉案产品87项，涉案金额388.411亿美元。从立案调查的数量来看，2007~2009年以及2016~2018年经历了两个阶段性高峰，这一特征也和中美双边经济发展的背景息息相关。在被单独调查的54项涉案产品中，只有6项产品（11.1%）最终裁决结果为无损害或撤案；在被单独调查的87项涉案产品中，也仅只有6项产品

① 2018年3月，美国特朗普总统发推特：当美国在和其他国家贸易时亏损了几百亿美元的时候，打贸易战对我们来说是有利的，很容易赢。

（6.9%）最终裁决结果为无损害或撤案，这一比例远低于外国对华贸易摩擦约39.5%否定性裁决的比例（见表3-1），中国企业或行业组织应诉成功的比例相当低。此外，这12项产品的涉案金额仅为26.674亿美元（6.1%），这些数据充分说明，一旦美国发起对华反倾销立案，中国涉案产品出口价值的94%以上都会受到反倾销肯定性终裁，3年内对美出口必然要承担附加的反倾销税。

根据美国国际贸易委员会相关报告的统计，在美国实施的反倾销案件中，执行肯定性终裁的产品一般需要缴纳60%左右的反倾销税[①]。然而，从美国对华实施最终措施的54项产品单独反倾销终裁结果看，美国针对中国企业的反倾销税率大多数都在100%以上，反倾销案对产业出口及发展产生的影响越来越大。例如，2004年11月，美国对原产于中国的木制卧室家具反倾销调查的倾销幅度做出终裁，裁定倾销幅度为0.79%~198.08%，涉及中国企业共135家，除去50多家已经获得2.32%~7.87%的加权平均税率外，其余涉案的企业则被征收高达198.08%的反倾销税，这一惩罚性的税率无疑将会使得这些企业退出美国市场，而受到影响的上下游行业（企业）会更多。

根据上文对美国对华贸易摩擦的统计，2002~2019年，美国对华反倾销涉案产品累计达141项，这些产品按HS二位码的章统计涉及28章，如此分类方式对于经验研究而言过于庞杂。因此，本书将美国对华贸易摩擦的涉案产品按HS编码的"类"进行产业划分，将涉案产品归纳到化学制品、塑料塑胶制品、木制品、纸及纸制品、纺织服装产品、贱金属制品、机械机电设备、交通运输设备以及杂项制品9个类别当中。

① U.S. International Trade Commission，The Economic Effects of Anti-dumping and Countervailing Duty Orders and Suspension Agreements [D]. Washington，DC：International Trade Commission，2005.

表 3-3 2002~2019 年美国对华反倾销涉案产品行业分布

	产品数量（项）	占比（%）	涉案金额（亿美元）	占比（%）
化学化工产品	27	19.15	22.49	5.10
塑料塑胶制品	13	9.22	52.396	11.88
木制品	3	2.13	18.785	4.26
纸及纸制品	7	4.96	6.18	1.40
纺织服装产品	7	4.96	4.326	0.98
非金属制品	7	4.96	15.019	3.41
贱金属制品	51	36.17	116.025	26.31
机械电机设备	12	8.51	76.33	17.31
交通运输设备	5	3.55	37.275	8.45
杂项	9	6.38	92.295	20.93

资料来源：根据中国贸易救济信息网数据整理得出。

表 3-3 和附表 3-1 提供的数据显示，美国对华反倾销涉案产品的半数以上分布在贱金属制品（51 项）和化学化工产品（27 项）两个行业类别，分别占反倾销总数的 36%和 19%。其中，涉案产品较多的 HS 二位码分行业为 73 章钢铁制品（34 项）、29 章有机化学品（12 项）、72 章钢铁产品（10 项）、39 章塑料及其制品（9 项）、94 章玩具运动品（9 项）、28 章无机化学品（8 项）、48 章纸张（7 项）、85 章电机电气设备（6 项）和 84 章机械机器产品（6 项）。

从涉案产品金额看，美国对华反倾销涉案金额最高的行业是贱金属制品行业（116.025 亿美元），占总涉案金额超过 1/4；其次是机械电机设备行业，12 项产品涉案金额高达 76.33 亿美元，平均每项产品涉案金额高达 6.36 亿美元；化学化工产品行业虽然涉案产品最多，但总涉案金额较少（5.1%），且单项产品涉案金额仅为 0.833 亿美元。依据 HS 二位码分行业看，涉案产品金额较高的行业包括：40 章塑胶制品涉案金额为 47.912 亿美元，单项产品涉案金额接近 12 亿美元，为所有行业之最；94 章玩具运动品行业涉案金额为 92.2959 亿美元，单项产品涉案金额超过 10 亿美元，为所有行业之最；85 章电机电气设备行业涉案金额为 59.575

亿美元，单项产品涉案金额接近 10 亿美元；73 章钢铁制品行业涉案金额达到 63.284 亿美元；72 章钢铁产品涉案金额为 33.382 亿美元；84 章机械机器产品涉案金额为 16.755 亿美元；其余各章涉案金额均小于 10 亿美元。

（二）美国对华“双反”调查现状

2005 年《美国贸易权利执行法案》将美国现行的反补贴法的适用对象和范围扩展到中国等“非市场经济国家”，从而为美国向这些国家进行贸易制裁提供了法律依据。对遭遇贸易救济措施的行业组织或企业来说，反补贴调查比反倾销调查具有更大的危害，这是因为前者更具有广泛性，一旦调查将涉及该国本行业内的所有企业；另外，由于反补贴调查针对的是出口国政府的行为，因此，它更具有政治上的意义，一旦调查结果成立，无疑会使本国政府对经济和贸易的控制及干预受到立案国政府的间接干涉。由于 WTO 规则并不禁止“双反”措施，而补贴则可能是引起倾销的原因之一，当不明确价格较低的原因时，反倾销和反补贴一起使用更能达到理想效果（孙铭，2011），同时被诉方应对起来更加困难，因此，美国对华反补贴的同时进行反倾销，会使中国企业的出口环境更加恶劣。

根据 WTO 官方网站的统计数据，2006 年以前，美国一共对外国产品发起了 443 起反补贴措施，但其中没有一起是对中国发起的。然而美国对华“双反”调查一旦发起，调查频率和涉案产品金额急剧攀升，已经成为美国滥用 WTO 规则的核心武器，据统计，2006~2018 年，对中国发起过“双反”调查的国家只有 9 个而美国是对中国发起“双反”调查最多的国家，对中国发起的“双反”案件数多达 66 起，超过其余国家对中国发起的“双反”调查总额。此外，美国对华“双反”的数量大致呈现逐年上升趋势，其中，2009 年与 2018 年调查数量超过了 10 起，并在 2018 年达到最高峰 12 起，截至 2019 年，中国已连续 13 年成为遭受“双反”调查最多的国家，如图 3-6 所示。

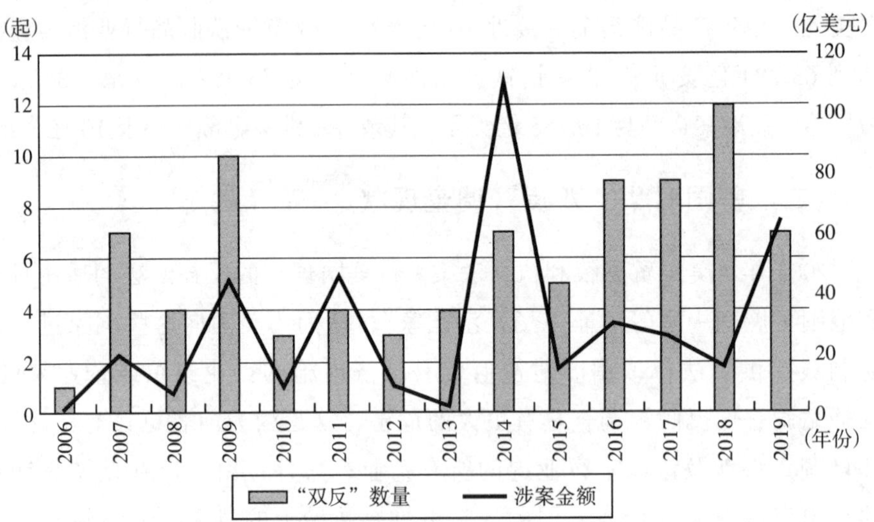

图 3-6 2006~2019 年美国对华“双反”调查立案数量及涉案金额

资料来源：中国贸易救济信息网。

依据中国贸易救济信息网的信息，从 2006 年的铜版纸案开始，美国 13 年来共对来自中国的出口产品发起了 84 起“双反”调查，涉案产品数量累计 87 项，涉案产品出口金额达到 390.174 亿美元。从单独年份看，2014 年尽管案件数量只有 7 起，但其中晶体硅光伏产品（20.8 亿美元）、53 英尺内陆干货集装箱（31.705 亿美元）、乘用车和轻型货车轮胎（35.979 亿美元）三项产品涉案金额巨大，导致该年度出现了涉案金额的波峰。这一贸易救济措施方式发生的频率之高、涉案金额之大在全球贸易保护史上也是罕见的，对中国涉案产业的出口和发展影响深远。

在美国对华发起“双反”调查的 87 项涉案产品中，仅有 6 项产品最终裁决结果为无损害或撤案，申诉成功率仅为 6.9%。如此之低的胜诉率说明美国在对华产品“双反”调查中存在对反补贴机制的严重滥用，根据 2019 年 WTO 发布的上诉机构报告，WTO 裁决美国对中国进口商品实施的部分反补贴措施违反世贸组织相关规定。美国在反补贴调查中不符合规定的做法包括：①仅将某些中国国有企业认定为“公共机构”；②拒绝使用中国国内私人部门价格；③仅依据存在出口限制及其价格抑制效应就发起反补贴调查的做法。

而在具体实践中，美国在对华“双反”调查滥用“非市场经济地位”条款，对中国出口产品的成本核算依据“第三国”而不是企业自身的真实成本，从而导致“双反”调查肯定性终裁中的中国产品对美出口的反倾销税加反补贴税畸高，大多数产品综合附加税超过200%。而与此形成鲜明对比的是，美国对涉及多国的同项产品进行的“双反”调查中，对中国产品征税的综合附加税远超其他国家。

以石油管材“双反”调查案为例，早在2002年，美国商务部对中国出口的石油管材发起反倾销调查，美国国际贸易委员会做出无损害裁决，因此美国商务部撤销对此案的调查。2009年4月美国对原产自中国、印度、土耳其的石油管材发起“双反”调查，同时对原产自中国台湾、乌克兰、沙特阿拉伯、泰国、菲律宾、越南、韩国的石油管材发起反倾销调查。该产品中国案涉金额达到26.291亿美元，为截至当年美国对华贸易摩擦的涉案金额最大的产品。美国商务部当年做出终裁，裁定4家单独税率申请企业反倾销幅度为29.94%，中国普遍企业反倾销幅度为99.14%；同时裁定4家企业补贴率为10.9%~30.69%，中国普遍企业补贴率为21.33%，并以此为依据征收相应的反倾销和反补贴税，给中国出口企业造成巨大损失，致使2009年中国该类产品出口美国金额直接下降约15亿美元。而与此相对应的是，美国商务部裁定印度和土耳其的补贴率分别为5.79%和9.21%；印度、土耳其、中国台湾、乌克兰、沙特阿拉伯、泰国、菲律宾、越南、韩国的反倾销幅度分别为5.79%、35.86%、0、6.73%、2.69%、118.32%、9.88%、111.47%、12.82%。从对比中可以看出，中国出口产品遭遇的“双反”处罚较其他国家更为严峻。在该案件的后续延伸中，虽然2012年的行政复审中应申诉者撤诉请求，决定取消该次行政复审；但2015年的日落复审中，美国商务部终裁认为，若取消反倾销措施，涉案产品对美国国内产业的损害将会按照23.82%的补贴幅度和99.14%的倾销幅度继续发生，因此对该进口产品继续征收3年的反补贴税和反倾销税。

表 3-4 2006~2019 年美国对华反倾销涉案产品行业分布

	产品数量（项）	占比（%）	涉案金额（亿美元）	占比（%）
化学化工产品	11	12.64	17.122	4.39
塑料塑胶制品	7	8.05	49.107	12.59
木制品	3	3.45	18.785	4.82
纸及纸制品	4	4.60	4.476	1.15
纺织服装产品	4	4.60	2.811	0.72
非金属制品	6	6.90	14.587	3.74
贱金属制品	37	42.53	103.542	26.55
机械电机设备	6	6.90	62.793	16.10
交通运输设备	4	4.60	37.127	9.52
杂项制品	4	4.60	78.061	20.02

资料来源：根据中国贸易救济信息网数据整理得出。

表 3-4 和附表 3-1 提供的数据显示，美国对华反倾销涉案产品的半数以上分布在贱金属制品（37 项）和化学化工产品（11 项）两个行业类别，分别占反倾销总数的 42.5%和 12.6%。其中，涉案产品较多的 HS 二位码分行业为 73 章钢铁制品（21 项）、72 章钢铁产品（9 项）、29 章有机化学品（6 项）、94 章玩具运动品（5 项）。

从涉案产品金额来看，美国对华反倾销涉案金额最高的行业是贱金属制品行业 37 项，占总涉案金额超过 1/4；杂项制品行业，4 项产品涉案金额高达 78.061 亿美元，平均每项产品涉案金额接近 20 亿美元；机械电机设备行业、化学化工产品行业虽然涉案产品最多，但总涉案金额较少（4.93%），且单项产品涉案金额仅为 1.56 亿美元。

依据 HS 二位码分行业看，涉案产品金额较高的行业包括：73 章钢铁制品行业 21 项产品涉案金额达到 51.623 亿美元，其中 2009 年发起的石油管材涉案金额达到 26.291 亿美元；72 章钢铁产品涉案金额为 33.026 亿美元；40 章塑胶制品涉案金额为 47.912 亿美元，单项产品涉案金额接近 12 亿美元；94 章玩具运动品行业涉案金额为 78.061 亿美元，单项产品涉案金额接近亿美元，为所有行业之最；85 章电机电气设备行业 3 项，涉案金额为 56.548 亿美元；29 章有机化工产品 6 起，涉案金额 5.045 亿美元；其余各章涉案金额均小于 10 亿美元。

（三）美国对华“特保”措施现状

特别保障措施是指在中国加入 WTO 之日起的 12 年内，针对中国“非市场经济”地位的关于特定产品过渡性的保障机制（杨仕辉，2010），首先，相比于其他贸易救济措施，特别保障措施是针对一国特别实施的保障措施，它免去了反倾销所需要对涉案产品进行的前期调查，对该行业产品保护的门槛极低且保护时间更长。其次，“特保”措施的相关条款规定被诉国要采取相应的报复性措施至少需要 2~3 年的时间，这在一定程度上降低了被诉国对发起国相关行业的报复能力。最后，“特保”措施条款还规定，WTO 成员可以只针对中国出口的相关产品采取贸易保障措施，而无论中国出口的产品在该成员国进口产品中是否占据 3%以上的比例，该规定在一定程度上剥夺了中国本应享有的发展中国家向发达国家出口的普遍优惠待遇权利。

根据表 3-5 提供的数据，从 2002 年的轴承传动器案开始，美国 4 年内共对来自中国的 27 种产品实施了 15 起特别保障措施立案调查。在 15 起“特保”案中，有 6 起案件最终被美国贸易委员会（ITC）或总统否决，这些否决措施表面上是为了维护美国消费者的利益，实际上它包含了美国政府及总统本人对整体中美关系和美中经济贸易全局的考量，而且从涉案产品的金额来看，6 起案件的涉案金额之和仅占“特保”案总金额的 10.4%，而涉案金额更大的输美纺织品和轮胎“特保”案无一例外地被 ITC 和总统通过。在这些案例中，2009 年 4 月美国对华提起的输美轮胎“特保”案涉案产品金额达到 17.88 亿美元，ITC 公布的“特保”案意见中建议对中国输美轮胎连续 3 年分别加征 55%、45%和 35%的从价特别关税，最终奥巴马同意对从中国进口轮胎征收惩罚性关税（税率第一年为 35%，第二年为 30%，第三年为 25%）。

表 3-5　2002~2010 年美国对华特别措施涉案产品行业分布

	产品数量（项）	占比（%）	涉案金额（亿美元）	占比（%）
塑料塑胶制品	1	4	17.88	24.42
纺织服装产品	18	67	30.89	42.19
贱金属制品	4	15	3.49	4.77
机械电机设备	3	11	10.515	14.36
杂项制品	1	4	10.437	14.26

资料来源：根据中国贸易救济信息网数据整理得出。

表 3-5 和附表 3-3 显示的数据表明，美国对华“特保”措施涉案产品主要分布在纺织服装产品（18 项）行业，单一行业占“特保”调查总数的 72%。涉案行业排序依次为：纺织服装产品（棉制裤子 61、棉制针织衬衫 61、棉制/化纤内衣 61/62、人造长纤织物 73、男式棉制/化纤制衬衫 61/62、棉制/化纤制线衣 61/62、棉制/化纤制胸罩 61/62、棉制/化纤制睡袍 61/62、化纤制针织衬衫 62、化纤制裤子 62、其他合纤长丝织物 62、棉制/化纤窗帘 61/62、棉制/化纤短袜 61/62、棉制/化纤女式衬衫 61/62、棉制/化纤裙子 61/62、棉制/化纤睡衣 61/62、棉制/化纤泳衣 61/62、棉制毛圈及其他起绒毛巾 58）、贱金属制品（钢丝衣架 73、球墨铸铁供水配件 73、内置弹簧 73、非合金环形焊缝钢管 73）、机械电机设备（轴承传动器 84、刹车鼓和刹车盘 84）以及塑料塑胶制品（乘用车和轻型货车轮胎 40）。其中，涉案产品较多的 HS 二位码分行业为 61 章针织服装和 62 章非针织服装两个行业。

从涉案产品金额看，美国对华“特保”措施涉案产品中纺织服装产品行业深受影响，涉案产品总金额高达 49.55 亿美元，占总金额的半数以上；塑料塑胶行业尽管只有 1 项产品陷入“特保”措施调查，但该案（输美轮胎案）涉案金额巨大，在全球金融危机的背景下对双边经贸关系影响深远。

（四）美国对华贸易摩擦行业分布小结

总体来看，中国“入世”后美国对华贸易摩擦主要发生在贱金属制品行业、纺织服装产品行业以及化学化工产品行业，从涉案产品数量看，三个行业的贸易摩擦占总量的六成以上，对整个行业的出口和发展造成巨大的影响。化学化工产品行业贸易摩擦绝对数量虽多（27 项），但涉案产品的总金额却相对较少（4.37%），对本行业的影响稍弱；塑料塑胶制品行业涉案产品相对较少（14 项），但涉案产品金额高达 70.276 亿美元，尤其是中美轮胎贸易摩擦对双边的政治经济关系造成了较大的影响；其他行业如机械电机设备、木制品、纸及纸制品、杂项制品、建陶制品以及交通运输设备等涉案产品数量在中美总体贸易摩擦中所占比例都相对较小。

表 3-6　2002~2019 年美国对华贸易摩擦涉案产品行业分布

	产品数量（项）	占比（%）	涉案金额（亿美元）	占比（%）
化学化工产品	27	16.07	22.49	4.37
塑料塑胶制品	14	8.33	70.276	13.66
木制品	3	1.79	18.785	3.65
纸及纸制品	7	4.17	6.18	1.20
纺织服装产品	25	14.88	35.216	6.85
非金属制品	7	4.17	15.019	2.92
贱金属制品	55	32.74	119.515	23.24
机械电机设备	15	8.93	86.845	16.88
交通运输设备	5	2.98	37.275	7.25
杂项	10	5.95	102.732	19.97

资料来源：根据中国贸易救济信息网数据整理得出。

从表 3-5 和表 3-6 中可以得到这样的信息：在建立美国对华贸易摩擦的预警机制时要着重注意贱金属制品行业中的贸易摩擦（概率最高），尤其是这一行业中的“双反”调查；在纺织服装产品行业，由于针对中国的“特保”措施即将到期，这一行业遭遇贸易摩擦的概率较小；在化学化工产品行业，尽管遭遇贸易摩擦的概率较高，但涉案产品的金额一般相对较小，对本行业的出口影响不大；其他行业遭遇贸易摩擦的概率都较小，在正常的贸易摩擦发生概率范畴之内，涉案产品金额相对较小，因此不需要做刻意的防护措施。

三、其他主要贸易国对华贸易摩擦现状

根据中国贸易救济信息网的统计，2002~2019 年，世界各国对我国发起的贸易摩擦立案数量总计 1675 起，其中，排名前 3 的申诉国家/地区分别为美国 255 起（占比 15.24%），印度 233 起（13.91%），欧盟 127 起（7.58%），如图 3-7 所示。

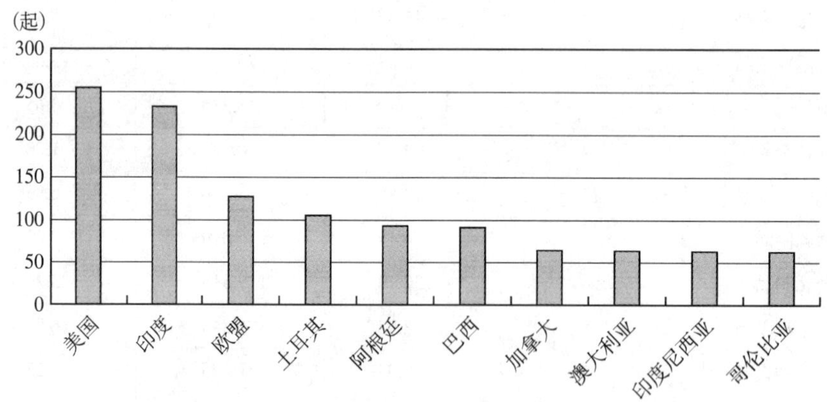

图 3-7　主要申诉国家/地区对中国贸易摩擦立案数量

资料来源：根据中国贸易救济信息网数据整理得出。

除了美国、欧盟、加拿大、澳大利亚等发达国家对我国发起大规模的贸易摩擦（508 起）外，发展中国家对我国发起的贸易摩擦数量也急剧增加（1169 起）。但在发达国家中，日本仅对我国发起了 6 起贸易摩擦，

此期间日本对华发起的贸易摩擦主要形式为绿色贸易壁垒、技术贸易壁垒等更加严苛的技术标准。

（一）其他发达国家对华贸易摩擦统计分析

在其他发达国家中，欧盟、加拿大、澳大利亚是较为频繁对外发起贸易摩擦的三大国家（地区）。根据中国贸易救济信息网的统计，截至2019年，三大发达国家（地区）作为申诉国共发起贸易救济行动777起，涉案总量约占全球贸易救济案件总量（4472起）的17.4%，中国均为三大发达国家（地区）发起贸易救济的首要被诉国。其中，针对中国出口产品发起的贸易救济调查高达257起（与美国发起的贸易救济调查数量基本持平），每发起三次贸易救济调查就有一起针对中国。在所有的贸易救济调查中，按贸易摩擦的工具分类，反倾销调查共177起，反补贴调查共58起，保障措施（特保）调查共22起，其中，“双反”合并调查共41起。与美国发起的贸易摩擦相比，其他发达国家（尤其是欧盟）更加偏好反倾销调查；虽然“双反”调查仅为美国的一半，但加拿大是最早（2014年）开始对中国产品发起“双反”调查的国家。

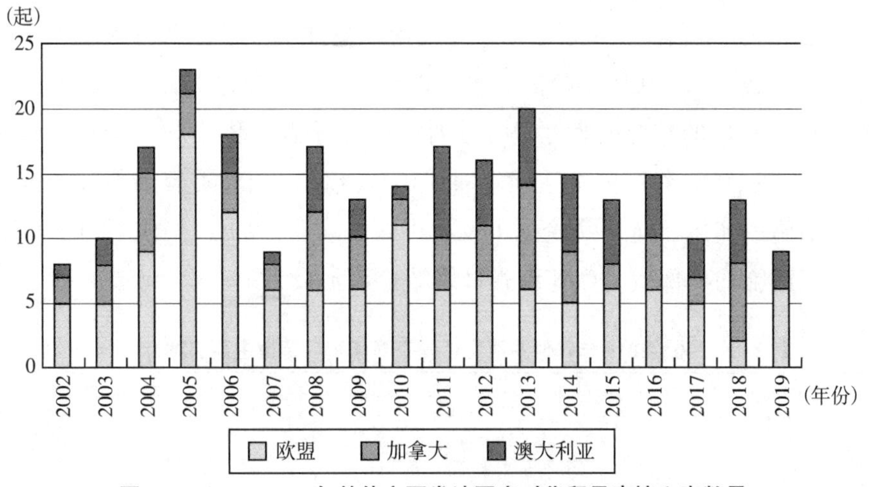

图3-8　2002~2019年其他主要发达国家对华贸易摩擦立案数量

资料来源：根据中国贸易救济信息网数据整理得出。

依据图 3-8 提供的数据，其他主要发达国家对华发起贸易摩擦数量出现的两个高峰分别是 2005 年和 2013 年，恰好与美国发起贸易摩擦的峰谷错开，说明中国出口产品在大多数年份都面临发达国家强力的贸易救济调查。除了立案数量多频率高之外，其他主要发达国家对中国采取贸易救济措施的力度也十分强硬。例如 2010 年 6~9 月欧盟发布公告对原产自中国的数据卡启动反倾销、反补贴和保障措施三重调查，涉案产品进口金额约 41 亿美元，在 WTO 成员国贸易救济行动中都极为罕见。

表 3-7 2002~2019 年其他主要发达国家对华贸易摩擦终裁结论

国家（地区）		肯定性终裁（起）	占比（%）	否定性终裁（起）	占比（%）
欧盟	整体	205	61.99	126	38.01
	中国	92	70.08	35	29.92
加拿大	整体	152	75.25	50	24.75
	中国	55	86.15	9	13.85
澳大利亚	整体	153	63.70	91	37.30
	中国	44	67.69	21	32.31

资料来源：根据中国贸易救济信息网数据整理得出。

按是否造成现期直接影响来分类，终止调查（否定性终裁）案件 65 起，已终止措施案件 56 起，正在实施措施案件 123 起，正在调查案件 13 起。依据表 3-7，在贸易摩擦立案到肯定性措施转化的案件中，发达国家对华贸易摩擦的转化比例远高于全球平均水平及各国平均的否定性终裁比例，这也意味着这些发达国家对中国的反倾销调查更容易导致报复性贸易措施的实施，进一步论证了发达国家对“非市场经济地位”的认定，对中国面临的外部贸易摩擦调查最终结论认定极为不利。

表 3-8 2002~2019 年其他主要发达国家对华贸易摩擦主要涉案行业分布

行业	欧盟（个）	加拿大（个）	澳大利亚（个）
食品	9	0	3
化学化工产品	21	3	5
纸及纸制品	2	0	6

续表

行业	欧盟（个）	加拿大（个）	澳大利亚（个）
纺织服装产品	11	1	0
非金属制品	9	2	4
贱金属制品	41	44	33
机械电机设备	15	8	8
交通运输设备	6	2	5

资料来源：根据中国贸易救济信息网数据整理得出。

从贸易摩擦的行业分布来看，与美国类似，其他主要发达国家对华贸易摩擦主要发生在贱金属制品行业，从涉案产品数量看，在该行业发起的贸易摩擦接近总量的一半，对我国金属制品行业的出口和发展势必造成巨大影响。其他行业如化学化工产品、机械电机产品、纺织服装产品等也面临较大的贸易摩擦风险。

（二）主要发展中国家对华贸易摩擦统计分析

在主要发展中国家，印度、土耳其、阿根廷、巴西是较为频繁对外发起贸易摩擦的四大国家。根据中国贸易救济信息网的统计，截至 2019 年，四大发展中国家作为申诉国共发起贸易救济行动 1556 起，涉案总量约占全球贸易救济案件总量（4472 起）的 34.79%，中国均为四大发展中国家发起贸易救济的首要被诉国。其中，针对中国出口产品发起的贸易救济调查高达 524 起，与发达国家发起的贸易救济调查总数基本持平；同其他主要发达国家类似，主要发展中国家每发起三次贸易救济调查就有一起针对中国。在所有的贸易救济调查中，按贸易摩擦的工具分类，反倾销调查共 435 起，反补贴调查共 10 起，保障措施（特保）调查共 22 起，无“双反”合并调查。与主要发达国家一致，主要发展中国家也更加偏好反倾销调查。

依据图 3-9 提供的数据，与美国对华发起的贸易摩擦立案调查类似，主要发展中国家对华发起贸易摩擦数量出现的两个高峰分别出现在 2009

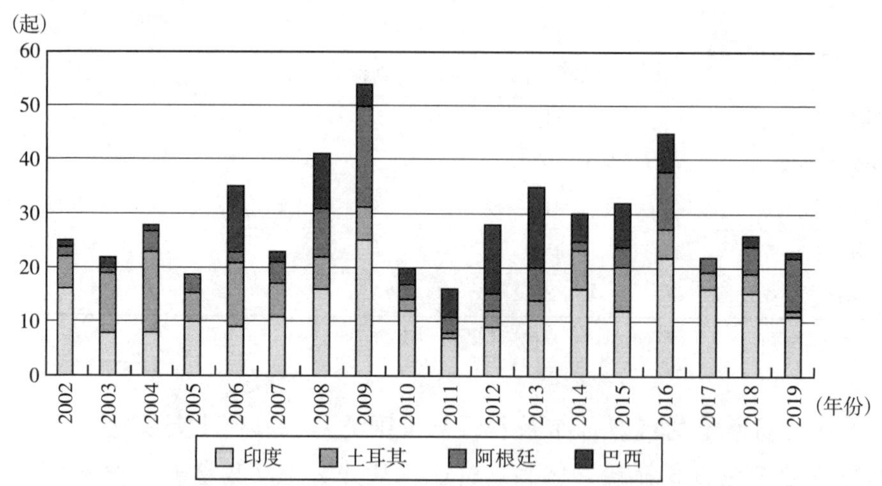

图 3-9　2002~2019 年其他主要发达国家对华贸易摩擦立案数量

资料来源：根据中国贸易救济信息网数据整理得出。

表 3-9　2002~2019 年其他主要发达国家对华贸易摩擦终裁结论

国家		肯定性终裁（起）	占比（%）	否定性终裁（起）	占比（%）
印度	整体	600	77.22	177	22.78
	中国	187	80.26	46	19.74
土耳其	整体	160	75	40	25
	中国	89	84.76	16	15.24
阿根廷	整体	169	70.42	71	29.58
	中国	73	76.84	22	23.16
巴西	整体	245	72.28	94	27.72
	中国	64	70.33	27	29.67

资料来源：根据中国贸易救济信息网数据整理得出。

年和 2016 年，贸易摩擦数量与全球经济周期的变动紧密相关。

按是否造成现期直接影响来分类，依据表 3-10 提供的数据，在贸易摩擦立案到肯定性措施转化的案件中，主要发展中国家对华贸易摩擦的转化比例高于全球平均水平及各国平均的否定性终裁比例（巴西例外），意味着这些发达国家对中国的反倾销调查更容易导致报复性贸易措施的实施。

表 3-10　2002~2019 年其他主要发达国家对华贸易摩擦主要涉案行业分布

行业	印度（个）	土耳其（个）	阿根廷（个）	巴西（个）
化学化工产品	109	13	8	14
塑料塑胶制品	9	8	5	9
纺织服装产品	20	15	6	8
非金属制品	15	13	8	12
贱金属制品	36	18	24	30
机械电机设备	24	20	29	5
交通运输设备	7	4	4	4

资料来源：根据中国贸易救济信息网数据整理得出。

从贸易摩擦的行业分布来看，与美国类似，发展中国家对华贸易摩擦主要发生在化学化工制品、贱金属制品行业，从涉案产品数量来看，在该行业发起的贸易摩擦接近总量的一半。

（三）其他主要贸易国对华贸易摩擦小结

从贸易摩擦的涉案产品层面来看，主要国家对华发起贸易摩擦调查有较强的示范连锁效应，特别是针对中国在国际市场占有率较大的产品。一旦某个在世界市场具有强大影响力的国家率先发起贸易救济调查，就会对其他产生强烈的示范效应，使得其他国家效仿或跟随领头国发起对中国产品的贸易救济调查；而且在相似的成本核算方式下，执行肯定性终裁的可能性也会更高，从而给中国出口企业和行业带来严重的影响。

附录

附表 3-1　2002~2010 年美国对华反倾销立案调查涉案产品

序号	涉案产品	HS	立案日期	终裁结果	涉案金额（亿美元）
1	滚珠轴承	84	2002 年 3 月	无损害	1.28
2	不可锻铸铁管接头	73	2002 年 3 月	7.08%~75.5%	0.052
3	石油专用管材	73	2002 年 4 月	无损害	0.56

续表

序号	涉案产品	HS	立案日期	终裁结果	涉案金额（亿美元）
4	铁栅栏	73	2002年5月	0%~15.61%	0.465
5	糖精	29	2002年7月	291.57%~329.33%	0.04
6	聚乙烯醇	39	2002年9月	5.51%~97.86%	0.102
7	碳酸钡	28	2002年9月	34.44%~81.30%	0.15
8	可锻造管件	73	2002年11月	7.35%~111.36%	0.204
9	棕刚玉	28	2002年12月	135.18%	0.276
10	彩电	85	2003年5月	5.22%~78.45%	2.711
11	二氨基二苯乙烯	29	2003年6月	无损害	0.064
	荧光增白剂	32	2003年6月	无损害	0.014
12	聚乙烯零售包装袋	39	2003年7月	0.20%~77.33%	1.257
13	四氢糠醇	29	2003年6月	136.86%	0.048
14	熨衣架机器零部件	94	2003年6月	6.60%~113.80%	0.124
15	电解二氧化锰	28	2003年8月	无损害	0.172
16	手推车机器零部件	87	2003年12月	24.9%~386.75%	0.148
17	木质卧室家具	94	2003年12月	0.79%~198.08%	9.579
18	永固紫	32	2003年12月	5.51%~217.94%	0.557
19	皱纹纸	48	2004年3月	266.33%	0.023
	薄绵纸	48	2004年3月	9.55%~112.64%	0.301
20	金属镁	81	2004年3月	49.66%~141.49%	0.24
21	环形焊炭质管道	73	2004年3月	73.17%	0.093
22	三氯异氰尿酸	29	2004年6月	75.78%~285.63%	0.107
23	艺术画布	59	2005年4月	77.90%~264.09%	0.098
24	金刚石锯片	82	2005年6月	2.5%~164.09%	0.182
25	格记录纸	48	2005年10月	78.38%~94.91%	1.318
26	碳钢	73	2005年11月	无损害	3.409
27	活性炭	38	2006年3月	61.95%~228.11%	0.227
28	聚酯短纤	55	2006年7月	0~44.30%	1.12
29	铜版纸	48	2006年11月	17.64%~178.03%	0.809

续表

序号	涉案产品	HS	立案日期	终裁结果	涉案金额（亿美元）
30	六偏磷酸钠	28	2007 年 2 月	92.02%~188.05%	0.169
31	钢钉	73	2007 年 6 月	0~118.04%	4.86
32	钢丝衣架	73	2007 年 8 月	15.44%~186.98%	0.563
33	电解二氧化锰	28	2007 年 8 月	149.92%	0.172
34	未加工橡胶磁	85	2007 年 10 月	109.95%	0.037
35	聚酯薄膜	39	2007 年 10 月	3.49%~76.62%	0.522
36	内置弹簧部件	94	2008 年 1 月	164.75%~234.51%	0.166
37	石墨电极	85	2008 年 2 月	132.90%~159.64%	0.279
38	钢制螺杆	73	2008 年 3 月	55.16%~206%	0.723
39	空调用截止阀	84	2008 年 4 月	12.95%~55.62%	0.24
40	羟基乙叉二膦酸	29	2008 年 4 月	36.21%~72.42%	1.431
41	编织电热毯	63	2009 年 1 月	77.75%~174.85%	0.297
42	无缝精炼铜管材	74	2009 年 10 月	11.25%~60.85%	0.044
43	光学增白剂	32	2011 年 3 月	106.22%~141.08%	0.389
44	黄原胶	39	2012 年 6 月	15.09%~154.07%	0.64
45	特异型硅砖	69	2012 年 11 月	63.81%~73.10%	0.432
46	预应力钢轨用钢丝	72	2013 年 5 月	31.40%~35.31%	0.356
47	氢氟烃制冷剂	38	2015 年 7 月	101.82%~216.37%	1.09
48	大型家用洗衣机	84	2016 年 1 月	32.12%~52.51%	8.99
49	四氟乙烷	29	2016 年 3 月	148.79%~167.02%	0.462
50	封箱钉	73	2017 年 3 月	115.65%~263.40%	0.732
51	聚四氟乙烯树脂	39	2017 年 9 月	54.41%~218.88%	0.246
52	床垫	94	2018 年 10 月	57.03%~1731.65%	4.365

资料来源：案例来源于中国贸易救济网案例数据库（http：//www.cacs.gov.cn）；涉案金额部分来源于 USITC，未公布部分来源于笔者对涉案产品上一年度该产品中国对美国出口额的统计。

附表 3-2　2006~2018 年美国对华反倾销和反补贴合并调查涉案产品

序号	涉案产品	HS	立案日期	终裁结果	涉案金额（亿美元）
1	铜版纸	48	2006 年 11 月	17.64%~178.03% 10.90%~20.35	0.809
2	环状焊接碳素钢管	73	2007 年 6 月	69.20%~85.55% 29.57%~615.92%	3.322
3	薄壁矩形钢管	73	2007 年 7 月	249.12%~264.64% 2.17%~200.58%	1.191
4	复合编织袋	63	2007 年 7 月	64.28%~91.73% 29.54%~352.82%	1.579
5	充气工程机械轮胎	40	2007 年 6 月 2007 年 7 月	0~210.48% 2.45%~14%	11.822
6	低克重热敏纸	48	2007 年 10 月	19.77%~115.29% 0.57%~137.25%	1.082
7	亚硝酸钠	28	2007 年 11 月	150.82%~237% 169.01%	0.325
8	不锈钢焊接压力管	73	2008 年 2 月	10.53%~55.21% 1.10%~299.16%	1.479
9	柠檬酸和柠檬酸盐	29	2008 年 5 月	23.21%~156.87% 3.60%~118.95%	0.635
10	后拖式草地维护设备	84	2008 年 7 月	154.72%~386.28 0.56%~264.98%	0.892
11	厨房用金属架	84	2008 年 8 月	17.15%~96.45% 13.30%~170.82%	2.61
12	石油管材	73	2009 年 5 月	29.86%~99.14% 10.90%~30.69%	26.291
13	混凝土结构用钢绞线	73	2009 年 6 月	42.97%~193.55% 8.85%~45.85%	1.78
14	钢格板	73	2009 年 6 月	136.76%~145.18% 62.46%	0.907
15	钢丝层板	94	2009 年 6 月	14.24%~143% 1.52%~437.11%	3.17
16	镁碳砖	69	2009 年 8 月	128.10%~236% 24.24%~253.37%	0.508
17	带织边窄幅织带	58	2009 年 8 月	123.83%~247.65% 1.56%~117.95	0.088

续表

序号	涉案产品	HS	立案日期	终裁结果	涉案金额（亿美元）
18	无缝碳钢 合金钢标准管 管线管 压力管	73	2009 年 10 月	50.01%~98.74% 13.66%~53.65%	3.819
19	标准钢紧固件	73	2009 年 10 月	无损害	2.912
20	铜版纸	48	2009 年 10 月	7.6%~135.83% 3.92%~20.07%	2.287
21	钾磷酸盐和钠磷酸盐	28	2009 年 10 月	69.58%~95.40% 109.11%	0.315
22	钻管产品	73	2010 年 1 月	0.00%~429.29% 15.72%	1.945
23	铝型材	76	2010 年 4 月	32.79%~33.28% 6.18%~137.65%	5.136
24	复合木地板	44	2010 年 11 月	0.00%~58.84% 1.5%~26.73%	1.1197
25	镀锌钢丝	72	2011 年 3 月	194% 19.06%~223.27%	9.255
26	钢制轮毂	87	2011 年 4 月	无损害	0.804
27	高压钢瓶	73	2011 年 5 月	6.62%~31.21% 22.34%	0.773
28	晶体硅光伏电池	85	2011 年 11 月	31.14%~249.96% 18.2%~19.41%	34.176
29	应用级风电塔	73	2012 年 1 月	44.99%~70.63% 21.86%~34.81%	1.036
30	不锈钢拉制水槽	73	2012 年 3 月	27.14%~76.53% 4.80%~12.26%	1.254
31	硬木装饰胶合板	44	2012 年 10 月	无损害	6.165
32	谷氨酸钠	29	2013 年 10 月	8.30%~8.32% 13.41%~404.03%	0.807
33	取向电工钢	72	2013 年 10 月	159.21% 49.15%	0.132
34	无取向电工钢	72	2013 年 11 月	407.52% 158.88%	0.148

续表

序号	涉案产品	HS	立案日期	终裁结果	涉案金额（亿美元）
35	四氟乙烷	29	2013 年 12 月	无损害	0.532
36	次氯酸钙	38	2014 年 1 月	210.52% 65.85%	0.108
37	晶体硅光伏产品	85	2014 年 1 月	26.33%~165.04% 18.56%~35.21%	20.8
38	碳钢合金盘条	72	2014 年 2 月	106.19%~110.25% 178.46%~193.31%	1.210
39	53 英尺内陆干货集装箱	86	2014 年 5 月	24.27%~153.24% 17.13%~22.57%	31.705
40	乘用车和轻型货车轮胎	40	2014 年 7 月	87.99% 30.87%	35.979
41	无螺栓钢制货架	94	2014 年 9 月	17.55%~112.68% 13.37%	20.540
42	三聚氰胺	29	2014 年 12 月	363.31% 154.58%	0.136
43	无涂层纸	48	2015 年 2 月	84.05%~149.00% 7.23%~176.75%	0.298
44	聚对苯二甲酸乙二醇酯树脂	39	2015 年 5 月	105.75%~126.43% 27.20%~47.56%	0.921
45	耐腐蚀钢板	72	2015 年 6 月	209.97% 39.05%~241.07%	5.003
46	冷轧钢板	72	2015 年 8 月	265.79% 256.44%	5.138
47	铁制机械传动件	84	2015 年 11 月	13.64%~191.34% 163.46%	2.743
48	新充气非公路用轮胎	40	2016 年 2 月	无损害	0.062
49	卡车和公共汽车轮胎	28	2016 年 2 月	无损害	10.7
50	非晶硅织物	70	2016 年 2 月	162.47% 48.94%~165.39%	0.16
51	双轴土工格栅	39	2016 年 2 月	372.81% 35.93%~152.50%	0.092
52	羟基乙叉二膦酸	29	2016 年 4 月	167.58%~184.01% 0.75%~54.11%	2.9

续表

序号	涉案产品	HS	立案日期	终裁结果	涉案金额（亿美元）
53	不锈钢板材和带材	72	2016 年 3 月	63.86%~76.64% 75.60%~190.71%	3.02
54	碳合金钢定尺板	72	2016 年 4 月	68.27% 251.00%	0.703
55	硫酸铵	31	2016 年 6 月	493.46% 206.72%	0.62
56	硬木胶合板	44	2016 年 12 月	183.36% 22.98%~194.90%	11.5
57	铝箔	76	2017 年 3 月	48.64%~106.09% 17.14%~80.97%	3.89
58	工具箱（柜）	94	2017 年 4 月	97.11%~244.29% 14.03%~95.96%	9.899
59	冷拔机械管	73	2017 年 5 月	45.15%~186.89% 18.27%~22.41%	0.294
60	细旦涤纶短纤	55	2017 年 5 月	65.17%~103.06% 38.00%~47.57%	0.794
61	铸铁污水管配件	73	2017 年 7 月	22.11%~360.39% 7.37%~133.94%	0.086
62	不锈钢法兰	73	2017 年 8 月	257.11% 174.73%	0.163
63	锻钢件	69	2017 年 10 月	8.00%~142.72% 13.41%	0.784
64	铝合金薄板	76	2017 年 11 月	49.85%~59.72% 50.75%~116.49%	8.979
65	葡萄糖酸钠、葡萄糖酸及衍生产品	29	2017 年 12 月	213.15% 194.67%	0.044
66	塑料装饰丝带	39	2018 年 1 月	58.13%~370.04% 14.27%~16.15%	0.182
67	大口径焊管	73	2018 年 2 月	132.63% 198.49%	0.13
68	铸铁污水管	73	2018 年 2 月	235.93% 14.69%~109.27%	0.115
69	橡皮筋	40	2018 年 2 月	27.27% 125.77%	0.049

续表

序号	涉案产品	HS	立案日期	终裁结果	涉案金额（亿美元）
70	钢制轮毂	87	2018 年 4 月	231.70% 457.10%	3.88
71	石英台面	68	2018 年 5 月	265.81%~333.69% 45.23%~190.99%	4.596
72	钢制丙烷气瓶	73	2018 年 6 月	25.52%~108.60% 37.91%~142.37%	0.898
73	钢货架	73	2018 年 7 月	18.06%~144.05% 1.5%~102.23%	2
74	直径 12~16.5 英寸钢轮	87	2018 年 8 月	38.27%~44.35% 387.38%	0.738
75	可重复使用不锈钢啤酒桶	73	2018 年 10 月	0%~77.13% 16.21%	0.181
76	铝制电线电缆	85	2018 年 10 月	58.51%~63.47% 33.44%	1.572
77	中国拉伸变形丝	54	2018 年 11 月	76.07%~77.15% 32.18%	0.35
78	预制钢结构	72	2019 年 2 月	57.86%~141.38% 32.64%	8.417
79	碳合金钢螺杆	73	2019 年 3 月	4.81%~59.45% 23.83%	1.047
80	木柜和浴室柜	94	2019 年 3 月	4.49%~262.18% 10.97%~16.41%	44
81	瓷砖	69	2019 年 5 月	114.49%~356.02% 103.77%~222.44%	4.831
82	立式金属文件柜	94	2019 年 5 月	198.5% 271.79%	0.452
83	订书钉	83	2019 年 6 月	—	0.888
84	玻璃容器	70	2019 年 10 月	—	3.708

注：终裁结果一栏中第一行表示反倾销税率，第二行表示反补贴税率。
资料来源：同附表 3–1。

附表 3-3　2002~2010 年美国对华特别保障措施立案调查涉案产品

序号	涉案产品	HS	立案日期	最终措施	涉案金额（亿美元）
1	轴承传动器	84	2002 年 9 月	否决	0.106
2	钢丝衣架	73	2003 年 2 月	否决	0.947
3	刹车鼓、刹车盘	84	2003 年 6 月	否决	2.183
4	球墨铸铁供水配件	73	2003 年 9 月	否决	0.681
5	棉制裤子 棉制针织衬衫 棉制及人造纤维内衣	61/62	2003 年 11 月	通过	7.87
6	内置弹簧	54	2004 年 1 月	否决	0.182
7	人造长纤织物	73	2004 年 12 月	通过	0.3135
8	男式棉制/化纤制衬衫 棉制/化纤制线衣 棉制/化纤制胸罩 棉制/化纤制睡袍 化纤制针织衬衫 化纤制裤子 其他合纤长丝织物	61/62	2005 年 4 月	通过	9.674
9	棉制和人造纤维窗帘	63	2005 年 7 月	通过	0.238
10	棉制、毛制及人造纤维短袜 棉制和人造纤维女式衬衫 棉制和人造纤维裙子 棉制和人造纤维睡衣 棉制和人造纤维泳衣	61/62	2005 年 8 月	通过	11.481
11	非合金环形焊缝钢管	73	2005 年 8 月	否决	1.549
12	棉制毛圈及其他起绒毛巾	58	2005 年 11 月	通过	1.343
13	乘用车和轻型货车轮胎	40	2009 年 4 月	通过	17.88
14	晶体硅太阳能电池	85	2017 年 5 月	通过	8.226
15	大型家用洗衣机	94	2017 年 6 月	通过	10.437

注：涉案产品中纺织品类别为《输美纺织品出口临时管理商品目录》中的归类，涉案产品金额依据该类别对应的 6 位税则号上一年度该产品中国对美国出口额查询。

资料来源：同附表 3-1。

第四章
中国产业内贸易发展现状

随着“二战”后国际贸易的迅速发展，出现了一个引人注目的现象，一个国家既出口又进口同一产业内的产品。Verdoorn（1960）在考察比利时、荷兰、卢森堡经济联盟内部的贸易形式所发生的变化时，第一次注意到了这种贸易的存在，经济联盟内部各国专业化生产的产品大多是同一贸易分类目录下。此后，Balassa（1966）、Grubel 和 Lloyd（1975）等相继发现产业内部存在专业化分工和双向国际贸易的现象，从而使产业内贸易研究成为研究商品贸易模式的一个新课题。

一、产业内贸易的内涵及测度

（一）产业内贸易的内涵

Grubel 和 Lloyd（1975）在《产业内贸易》一书中，区分产业内贸易和产业间贸易的基础上指出，产业内贸易是指一国既出口又进口同一个产业内产品的交易行为，它是具有相同或相似生产要素禀赋的国家间进行的以满足不同消费者偏好的一种贸易，如美国和日本进行的电子产品和小汽车的贸易。相对应地，产业间贸易则是在具有完全不同类型的生产要素禀赋的国家间进行的贸易，如发展中国家用初级产品变换发达国家的工业制成品。Greenaway 和 Tharakan（1986）认为，产业内贸易是“同时进出口要素投入与消费替代方面存在密切关系的产品”。Wickham 和 Thompson（1988）则将其定义为：“在生产方面具有相似分类但是在消费方面具有不完全替代性产品的双向贸易活动。”

根据这些学者对产业内贸易的分析，我们可以这样理解产业内贸易现象：即使两国具有完全一样的资本劳动比率，它们的厂商也会生产同类但有差别的产品，而消费者对这些产品的需求，一方面会促进各国扩大某种产品的生产规模，另一方面会促使两国之间进行这些产品的贸易，形成有进有出的产业内贸易。

产品异质性、需求偏好相似和规模经济是产业内贸易的理论基础。产品异质性能够使得不同国家消费者多样性的消费习惯得到满足，需求偏好相似可促使一国厂商推动其产品进入外国市场或对外直接投资，规模经济优势则可让进行大规模生产的国家在产品成本方面有竞争优势。

从 Krugman（1979）开始，学者们陆续提出许多产业内贸易一般均衡模型，其中包括同质产品的产业内贸易模型和异质产品的产业内贸易模型。同质产品的产业内贸易是完全可替代产品的双向贸易，如边境交叉贸易、季节性贸易、转口贸易、相互倾销、跨国公司的内部贸易等。异质产品的产业内贸易则是相似但不完全相同，也不能完全相互替代产品的双向贸易。作为产业内贸易的主要组成部分，异质产品的产业内贸易进一步细分为水平差异化产品的产业内贸易（HIIT）和垂直差异化产品的产业内贸易（VIIT），前者指同一产品组中品牌、造型和色彩等方面存在差异，但品质、技术要素投入以及价格相似的产品之间的贸易，它大多发生在经济发展水平相似的国家之间；后者指同产品组中品质、价格以及技术要素投入存在差异的产品之间的贸易，它主要发生在经济发展水平不同的国家之间。

（二）产业内贸易的静态测度

Grubel 和 Lloyd（1975）从度量的角度出发，认为所谓产业内贸易是指“贸易总额减去产业间贸易之后的余额”，按此观点得出的计算方法切实可行，得到了广泛使用。该计算方法假定以 i 代表某一特定产业，Xi 和 Mi 分别表示该产业的出口和进口，则：

总贸易：$TT = X_i + M_i$

产业间贸易：$INT = |X_i - M_i|$

贸易总额减去产业间贸易额即为产业内贸易额，因此，产业内贸易为：

$IIT = X_i + M_i - |X_i - M_i|$

在此基础上，计算出该产业的产业内贸易指数为：

$$IITB_i = \frac{X_i + M_i - |X_i - M_i|}{X_i - M_i} \tag{4-1}$$

在这里，$IITB_i$ 表示第 i 类产品的产业内贸易指数，即 G-L 指数，反映产业或产品内贸易中发生重叠式贸易的比例，该数值在 0~1 区间变化，当 IIT_i 接近 0 时，该国该产业的产业内贸易的程度较低，互补性贸易占据主导，进出口更接近于产业间贸易；当 IIT_i 接近 1 时，则该国该产业的产业内贸易的程度较高，竞争性贸易占据主导，进出口更接近产业内贸易。一般以 0.5 作为区分产业内贸易或产业间贸易的标准，IIT_i 值在 0.5 以上认定该产业为产业内贸易，IIT_i 值在 0.5 以下则认定该产业为产业间贸易。

如果把每个产业进出口值占总进出口值的比重作为权重，对所有产业的产业内贸易指数加权平均，得出一个国家 j 的产业内贸易指数为：

$$IITB_j = \frac{\sum_{i=1}^{n}(X_i + M_i) - \sum_{i=1}^{n}|X_i - M_i|}{\sum_{i=1}^{n}(X_i + M_i)} \tag{4-2}$$

由于能够较准确地衡量一国产业内贸易的总体水平，该指数作为一种测度方法获得了学术界的普遍认可。但同时也有学者指出，该指数没有考虑该国总体贸易的失衡因素，若当一国贸易存在较大的顺差或逆差时，该指数倾向于低估产业内贸易水平。Grubel、Lloyd 和 Aquino（1978）在考虑贸易失衡的基础上，分别提出了各自的修正指数，但这些修正指数并没有获得广泛认可。实际上，贸易不平衡是正常的，某产业的进口与出口通常都是不平衡的，况且，正是由于各个产业内存在贸易不平衡，我们可将同一产业的贸易分为重叠部分和非重叠部分，而这个重叠部分就是我们所强调的产业内贸易。大量研究表明，尽管存在贸易不平衡的影响，但在解释国际贸易模式和各国比较优势时，G-L 指数仍不失为最合适的指数，它也是目前在国际上较常使用的产业内贸易衡量指数。

产业内贸易理论经过多年的发展，研究者对产业内贸易计量方法的研究已经不再局限于估计产业内贸易是否存在，转而研究具体类型的产业内贸易以及产业内贸易扩张所造成的贸易量的动态调整。

（三）产业内贸易的动态测度

G-L 指数表示的是不同时点上产业内贸易的水平，依据的是贸易水平变量，而不是贸易的差分变量，虽然它能很好地刻画某一年的产业内贸易情况，但它的增加不一定意味着变化的贸易量是产业内贸易，因为当变化的贸易量为产业间贸易时也可以引起 G-L 指数的增加，不能很好地反映贸易变化的形态，特别是当我们分析产业内贸易与贸易引致的调整成本之间的关系时，G-L 指数并不能为调整成本这一动态概念提供准确有效的数据。

Hamilton 和 Kniest（1991）对这一问题做出了详细的分析，并提出动态产业内贸易概念，即边际产业内贸易（MIIT），边际产业内贸易衡量的是特定时期增加的贸易量中产业内贸易所占的份额。此后，Brulhart（1994）、Dixon 和 Menon（1997）、Milner 和 Elliot（1994）以及 Greenaway 和 Hine（1994）等陆续提出关于边际产业内贸易指数不同的计算方法，试图从双边贸易的边际变化来考察产业内贸易的特征。其中，Brulhart（1994）提出的边际产业内贸易的计算公式为：

$$MIIT_i = A_i = 1 - \frac{|\Delta X_i - \Delta M_i|}{|\Delta X_i| + |\Delta M_i|} \tag{4-3}$$

其中，ΔX_i 和 ΔM_i 分别表示产业 i 在某一特定时期出口与进口的变化量。A 指数取值 0 到 1，取值 0 时，表示该产业动态贸易完全产业间贸易；取值 1 时，表示完全产业内贸易。这一指数保持了 G–L 指数的基本形式，很好地反映了一定时期内贸易流的变化情况，清楚地表现新增或减少的贸易是发生在产业内还是产业间，特别是在分析产业内贸易发展水平和调整成本之间的关系时，该指数能够提供有力的数据支持，因此，该指数在实证中得到了极为广泛的运用。

同样地，如果把每个产业进出口值占总进出口值的比重作为权重，一国总体贸易的边际产业内贸易指数表达式为：

$$A_{tot}=\sum_{i=1}^{n} w_i A_i \tag{4-4}$$

其中，$w_i=(|\Delta X|_i+|\Delta M|_i)/\sum_{i=1}^{n}(|\Delta X|_i+|\Delta M|_i)$，$\Delta X_i$ 和 ΔM_i 分别表示产业 i 在某一特定时期（本书以一年为变动期限）出口与进口的变化量，A_i 表示产业 i 的边际产业内贸易水平，w_i 表示产业 i 的进出口变化量在一国总体进出口变化量中所占的比重，MIIT 指数由各产业出口和进口的一阶差分计算而得，与贸易水平或期末时期的产业内贸易水平无关，它反映各产业贸易变化中的产业内贸易的重要性。

产业内贸易指数和边际产业内贸易指数的选用取决于研究的目的，当研究目的属于静态比较时，进行不同时间点上 G–L 指数的比较就能够得到准确的信息，而当我们考虑由贸易发展引致的调整成本问题时，就有必要进一步研究动态的边际产业内贸易指数。

二、中国与主要贸易国产业内贸易现状

（一）中国产业内贸易总体特征

从统计的角度来看，国际贸易中对进出口商品有两种通行的分类方法，一种是国际贸易标准分类（SITC 编码[①]），另一种是国际协调商品名称和编码制度分类（HS 编码[②]）。目前在海关进出口数据的统计中，均依照 HS 编码进行商品和产业的分类，而学术界一般将 SITC 细分到 3 位数或 HS 细分到章的产品分组为一个产业。为了便于后面的比较分析，本书在产业分类上以 HS 分章编码为基准。

在数据样本的选择方面，我们选择联合国国际商品和贸易网站数据库（http：//comtrade.un.org）提供的按海关 HS 编码分章统计的 2002~2018 年中国整体产业内贸易水平；作为对比，我们还采用中国—美国、中国—印度制成品进出口贸易数据作为分析样本（见图 4-1）。在分析产业内贸易总体水平时，采用产业内贸易指数的加权平均（见式 4-2）。由于

---

① 国际贸易标准分类（Standard International Trade Classification，SITC），是为用于国际贸易商品的统计和对比的标准分类方法。SITC 采用经济分类标准，即按原料、半成品、制成品分类并反映商品的产业部门来源和加工程度。该标准目录使用 5 位数字表示，第 1 位数字表示类，前两位数字表示章，前 3 位数字表示组，前 4 位数字表示分组。

② HS 编码“协调”涵盖了《海关合作理事会税则商品分类目录》（CCCN）和联合国的《国际贸易标准分类》（SITC）两大分类编码体系，是系统的、多用途的国际贸易商品分类体系。它采用 6 位数编码格式，把全部国际贸易商品分为 22 类共 98 章。“类”基本上是按经济部门划分的，如化学工业及其相关工业产品在第 6 类，塑料塑胶制品在第 7 类，纸、纸板及其制品在第 10 类，纺织服装产品在第 11 类，贱金属及其制品在第 15 类，机械机电设备在第 16 类，交通运输设备在第 17 类，杂项制品在第 19 类等。HS 商品编码的前两位数码代表“章”，其分类基本采取两种办法：一是按商品原材料的属性分类，相同原料的产品一般归入同一章（如第 48 章纸及纸板、第 73 章钢铁制品等）；二是按商品的用途或性能分类，制造业的许多产品很难按其原料分类，尤其是可用多种材料制作的产品或由混合材料制成的产品（如第 28 章无机化学品、第 61 章针织服装、第 84 章机械器具等）按其功能或用途分为不同的章。

采用的是以海关 HS 编码以章分类的数据，其结果可能会导致平均产业内贸易指数 G-L 有所偏差，但不影响其总体走势。

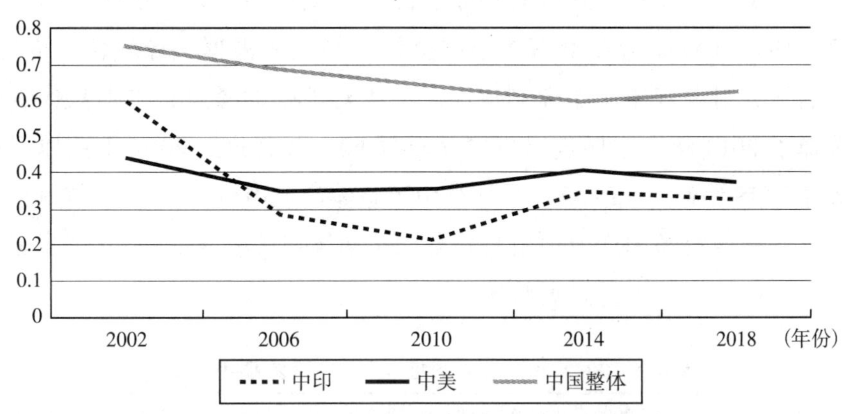

图 4-1 中国与主要贸易国产业内贸易现状

资料来源：根据 UN COMTRADE 网站数据整理得出。

从产业内贸易发展总体水平来看，相对于中国整体产业内贸易发展水平较高（维持在 0.6 以上），作为对比，中美、中印之间的产业内贸易发展水平偏低，说明中美、中印之间的总体贸易主要是以互补性的产业间贸易为主，而竞争性的产业内贸易比较少。之所以出现这种情况，主要是因为中美、中印两国经济结构和经济发展处于不同阶段，而且在全球价值链上所处的位置存在差异，由此导致双边贸易结构互补性大于竞争性。

值得注意的是，从时间序列看，无论中美还是中国与世界的产业内贸易发展水平都较为稳定，而且产业内贸易指数都出现下降趋势。也就是说，中国自 2001 年加入世贸组织后，中美、中印双边贸易中产业间贸易的发展明显快于产业内贸易。产业内贸易指数的变化表明，随着中国“入世”所做承诺的逐步兑现，贸易障碍得到进一步消除，刺激了双边产业间贸易的发展。

（二）中国分行业产业内贸易状况

由于农产品容易受到政府补贴、配额以及进出口政策的影响而产生数值扭曲，并且制造业贸易在中国整体贸易额中占据主导地位，因此，本书的研究对象仅限于工业制成品。出于对篇幅的考虑，本书只代表性地选择了 2018 年占中国进出口贸易总额 60%以上的前 20 项工业原料或制成品（HS 编码 25~97 章）并计算中国整体产业内贸易 G-L 指数（见表 4-1）、与典型贸易国产业内贸易指数（见表 4-2、表 4-3），以全面衡量中国分行业产业内贸易发展状况。

表 4-1　2002~2018 年中国整体产业内贸易 G-L 指数

HS	产业	2002 年	2006 年	2010 年	2014 年	2018 年	加权
28	无机化学品	0.783	0.904	0.917	0.817	0.698	0.812
29	有机化合品	0.666	0.685	0.789	0.859	0.940	0.842
39	塑料制品	0.632	0.740	0.705	0.941	0.966	0.859
40	塑胶制品	0.893	0.935	0.936	0.848	0.863	0.886
42	箱包皮革制品	0.023	0.056	0.102	0.127	0.201	0.128
44	木及木制品	0.812	0.859	0.924	0.777	0.748	0.805
48	纸及纸制品	0.584	0.877	0.651	0.389	0.483	0.544
61	针织服装	0.063	0.031	0.024	0.044	0.088	0.050
62	非针织服装	0.072	0.039	0.051	0.084	0.110	0.076
63	其他纺织品	0.020	0.023	0.026	0.033	0.034	0.030
64	鞋靴类制品	0.053	0.054	0.061	0.078	0.180	0.099
72	钢铁	0.297	0.887	0.934	0.552	0.646	0.699
73	钢铁制品	0.552	0.412	0.379	0.326	0.282	0.344
84	机械器具	0.987	0.738	0.714	0.618	0.640	0.682
85	电机电气设备	0.941	0.981	0.894	0.853	0.880	0.890
87	公路车辆设备	0.944	0.865	0.874	0.835	0.959	0.891
88	航天航空器	0.195	0.211	0.185	0.170	0.261	0.212
90	光学医疗设备	0.707	0.713	0.734	0.823	0.821	0.781

续表

HS	产业	2002年	2006年	2010年	2014年	2018年	加权
94	家具灯具	0.079	0.065	0.114	0.070	0.079	0.081
95	玩具运动品	0.059	0.065	0.067	0.102	0.072	0.077

资料来源：根据 UN COMTRADE 网站数据整理得出。

从表 4-1 给出的统计数据来看，不同行业产业内贸易指数呈现出两种极端化表现：在中国具有传统比较优势的行业或处于绝对劣势的行业，如针织服装及附件（61 章）、非针织服装及附件（62 章）、其他纺织品（63 章）、鞋靴类制品（64 章）、钢铁制品（73 章）、家具灯具（94 章）、玩具运动品（95 章）以及航天航空器（88 章）等行业，产业内贸易指数近年来虽然处于增长趋势，但依然处于较低水平。而在其他高度参与国际化分工的行业中，如无机化学品（28 章），有机化合品（29 章），塑料制品（39 章），塑胶制品（40 章），机械器具及零部件（84 章），电机电气设备及零部件（85 章），公路车辆及设备（87 章），光学、照相、医疗设备（90 章）等行业，产业内贸易指数则一直处于高位，接近完全产业内贸易。

表 4-2　2002~2018 年中美产业内贸易 G-L 指数

HS	产业	2002年	2006年	2010年	2014年	2018年	加权
28	无机化学品	0.613	0.951	0.829	0.814	0.782	0.784
29	有机化合品	0.978	0.939	0.877	0.756	0.600	0.811
39	塑料制品	0.644	0.711	0.918	0.695	0.555	0.721
40	塑胶制品	0.430	0.385	0.520	0.392	0.481	0.437
42	箱包皮革制品	0.015	0.002	0.002	0.004	0.024	0.008
44	木及木制品	0.544	0.350	0.652	0.896	0.883	0.685
48	纸及纸制品	0.825	0.671	0.630	0.555	0.464	0.616
61	针织服装	0.002	0.001	0.002	0.002	0.005	0.002
62	非针织服装	0.005	0.002	0.002	0.002	0.006	0.003
63	其他纺织品	0.007	0.008	0.009	0.011	0.008	0.009

续表

HS	产业	2002 年	2006 年	2010 年	2014 年	2018 年	加权
64	鞋靴类制品	0.017	0.024	0.016	0.011	0.026	0.019
72	钢铁	0.836	0.442	0.994	0.244	0.770	0.649
73	钢铁制品	0.199	0.146	0.259	0.249	0.191	0.206
84	机械器具	0.629	0.346	0.319	0.312	0.302	0.378
85	电机电气设备	0.570	0.404	0.397	0.378	0.283	0.407
87	公路车辆设备	0.233	0.36	0.738	0.931	0.823	0.623
88	航天航空器	0.056	0.095	0.133	0.105	0.132	0.101
90	光学医疗设备	0.857	0.920	0.988	0.904	0.889	0.918
94	家具灯具	0.02	0.014	0.021	0.026	0.020	0.021
95	玩具运动品	0.006	0.009	0.013	0.015	0.019	0.013

资料来源：根据 UN COMTRADE 网站数据整理得出。

根据表 4-2 提供的数据，我们可以把这些行业划分为三种类型：第一种类型的行业包括箱包皮革制品（42 章）、针织服装及附件（61 章）、非针织服装及附件（62 章）、其他纺织品（63 章）、鞋靴类制品（64 章）、钢铁制品（73 章）、航天航空器及零件（88 章）、家具灯具（94 章）、玩具运动品及零部件（95 章）产业，这一类型行业的 IIT 指数大多数较小甚至趋近于零，并且从时间序列来看，这些行业的 IIT 还有进一步下降的趋势，可视为完全产业间贸易产业；第二种类型的行业包括塑料制品（39 章）、塑胶制品（40 章）、木及木制品（44 章）、纸及纸制品（48 章）、钢铁（72 章）、机械器具及零部件（84 章）、电机电气设备及零部件（85 章）、公路车辆及设备（87 章）产业，这一类型行业的 IIT 指数大都介于 0.2~0.8，从时间序列来看，产业内贸易发展极不稳定，一直占据将近中美贸易量额一半的机械器具及零部件以及电机电气设备及零部件行业产业内贸易指数有逐年下降的趋势，但也有部分行业产业内贸易指数（39 章、87 章）有进一步上升的趋势，有的产业甚至接近产业内贸易，该类产业可视为准产业内贸易行业；第三种类型的行业包括无机化学品化合物（28 章），有机化合品（29 章），光学、照相、医疗设备（90

章）产业，这一类型行业的 IIT 指数都接近于 1，而且从时间序列来看，这些行业的 IIT 也有进一步加强的趋势，可视为完全产业内贸易产业。

表 4-3　2002~2018 年中印产业内贸易 G-L 指数

HS	产业	2002 年	2006 年	2010 年	2014 年	2018 年	加权
28	无机化学品	0.988	0.838	0.392	0.498	0.148	0.445
29	有机化合品	0.604	0.519	0.295	0.289	0.523	0.420
39	塑料制品	0.189	0.778	0.657	0.365	0.522	0.505
40	塑胶制品	0.856	0.710	0.115	0.211	0.447	0.318
42	箱包皮革制品	0.228	0.162	0.118	0.176	0.188	0.173
44	木及木制品	0.199	0.140	0.039	0.081	0.475	0.260
48	纸及纸制品	0.213	0.104	0.025	0.014	0.290	0.148
61	针织服装	0.601	0.231	0.234	0.209	0.218	0.220
62	非针织服装	0.430	0.621	0.728	0.278	0.479	0.398
63	其他纺织品	0.284	0.110	0.110	0.110	0.155	0.128
64	鞋靴类制品	0.033	0.057	0.075	0.104	0.180	0.131
72	钢铁	0.045	0.717	0.308	0.163	0.340	0.309
73	钢铁制品	0.079	0.048	0.034	0.095	0.052	0.059
84	机械器具	0.275	0.165	0.065	0.119	0.101	0.103
85	电机电气设备	0.199	0.076	0.090	0.077	0.049	0.068
87	公路车辆设备	0.603	0.081	0.057	0.121	0.126	0.110
88	航天航空器	0.000	0.005	0.007	0.008	0.533	0.093
90	光学医疗设备	0.439	0.453	0.251	0.170	0.158	0.202
94	家具灯具	0.015	0.017	0.021	0.026	0.026	0.025
95	玩具运动品	0.069	0.022	0.012	0.006	0.013	0.013

资料来源：根据 UN COMTRADE 网站数据整理得出。

从表 4-1 给出的统计数据看，中印双边产业内贸易发展水平总体处于较低水平，除无机化学品（28 章）、有机化合品（29 章）、塑料制品（39 章）等行业个别年份产业内贸易指数大于 0.5 之外，中印大多数行业贸易属于互补性的产业间贸易。

从表 4-1、表 4-2、表 4-3 列举出的部分行业产业内贸易指数分析中可以看出，中国整体产业内贸易指数处于较高水平，参与全球化分工程度较高；中美大多数行业产业内贸易水平偏低，双边贸易主要是以互补性的产业间贸易为主，竞争性的产业内贸易还比较少；中印大多数行业产业内贸易水平处于低位。

（1）总的来说，2002~2018 年，工业制造品中产业内贸易指数上升（边际产业内贸易指数大于 0.5）的产业占多数，由此可以推断，产业内贸易指数的上升主要是由工业制成品带动的。也就是说，现阶段而言，中国的产业内贸易以制成品为主要支撑，从这个意义上讲，中国的出口产品结构正在逐步优化，贸易商品已经具有一定竞争力且发展趋势良好，未来将有越来越多的生产工业制成品的产业发展成为以产业内贸易为主的行业。

（2）从工业制成品的贸易结构来看，总体上中方有顺差的行业居多，这些产业的贸易多为产业间贸易；逆差主要表现在有机、无机化学等产业上，而这些产业均以产业内贸易为主，并且有增强的趋势。

（三）中国与典型贸易国边际产业内贸易状况

G-L 指数刻画的是产业内贸易在某个时间节点上的总体水平，并不能反映新增贸易额中产业内贸易的高低，我们可以通过计算 2002~2018 年中美 MIIT 指数来分析中美新增贸易额中产业内贸易的发展状况，如表 4-4 所示。

表 4-4　2002~2018 年中美产业内贸易 MIIT 指数

HS	产业	2002 年	2006 年	2010 年	2014 年	2018 年	加权
28	无机化学品	0.547	0.629	0.631	0.939	0.702	0.638
29	有机化合品	0.963	0.623	0.000	0.093	0.957	0.500
39	塑料制品	0.216	0.941	0.529	0.923	0.815	0.597
40	塑胶制品	0.201	0.299	0.379	0.829	0.808	0.514
42	箱包皮革制品	0.050	0.000	0.000	0.009	0.001	0.008

续表

HS	产业	2002年	2006年	2010年	2014年	2018年	加权
44	木及木制品	0.664	0.213	0.255	0.203	0.864	0.430
48	纸及纸制品	0.515	0.543	0.000	0.491	0.810	0.503
61	针织服装	0.007	0.006	0.000	0.000	0.002	0.001
62	非针织服装	0.000	0.000	0.000	0.053	0.003	0.010
63	其他纺织品	0.000	0.017	0.000	0.045	0.004	0.020
64	鞋靴类制品	0.000	0.008	0.043	0.000	0.016	0.020
72	钢铁	0.000	0.000	0.000	0.325	0.000	0.060
73	钢铁制品	0.193	0.069	0.120	0.302	0.000	0.189
84	机械器具	0.043	0.356	0.241	0.528	0.306	0.382
85	电机电气设备	0.000	0.435	0.496	0.821	0.473	0.394
87	公路车辆设备	0.000	0.173	0.554	0.436	0.778	0.505
88	航天航空器	0.033	0.000	0.139	0.000	0.408	0.099
90	光学医疗设备	0.350	0.869	0.537	0.926	0.865	0.503
94	家具灯具	0.003	0.023	0.000	0.041	0.035	0.024
95	玩具运动品	0.001	0.006	0.002	0.007	0.039	0.017

资料来源：根据 UN COMTRADE 网站数据整理得出。

MIIT 指数实际上反映的是新增贸易中产业内贸易额所占的比重，较高的 MIIT 指数会带动本年度 IIT 指数上升，反之则会下降。从表 4-4 提供的数据来看：在第一种类型行业中，大多数年份 MIIT 指数都接近于 0，新增贸易中几乎都是产业间贸易，这也印证了 IIT 指数逐年下降的趋势。在第二、第三种类型行业中，MIIT 指数变化趋势则并不明显，但近年来大多数行业新增贸易额中产业内贸易都保持了较高的比例。

三、中国产业内贸易发展的理论分析

通过对中美产业内贸易现状进行分析，我们发现中美之间的总体贸易还是以互补性的产业间贸易为主，竞争性的产业内贸易较少，尤其是中国加入WTO后，中美产业内贸易指数趋于下降，分行业双边贸易中产业间贸易的发展明显快于产业内贸易。为了找出中美产业内贸易出现这种状况的动因，我们分别从传统国际分工、新国际分工和双边产业结构差异的角度对其进行解析。

（一）传统国际分工与中国产业内贸易发展

国际分工是国际贸易的产生基础，不同的国际分工模式决定了国与国之间不同的贸易模式。从中美贸易的主要商品结构看，中国与美国之间的国际分工是建立在比较优势基础上的产业间国际分工（柳剑平等，2006），即中国对美国的出口以劳动密集型加工产品为主，进口则以技术密集型和资本密集型产品为主。在此分工模式下，跨国公司资源配置的全球化和发达国家内部产业结构优化的内在要求产生了产业的国际转移[①]。

随着新科技革命和全球化的深入发展，资源配置与生产要素流动逐步在全球范围市场化，以降低交易成本，提高资源配置效率，从而导致世界产业结构的大调整将更多地通过产业在国际间转移实现。产业国际转移的产业进程一般沿着劳动密集型产业→资本密集型产业→技术密集型产业→知识密集型产业主次进行；从国家角度看，则沿着相对发达的国家或地区→次发达国家或地区→发展中国家或地区这一经济发展水平

① 产业国际转移是指发生在国家之间的产业转移，即产业由一些国家或地区通过资本的国际流动和国际投资转移到另一些国家或地区的现象。

高低的路径展开。

在产业国际转移的理论和实证研究方面，国内外许多学者做出了大量卓有成效的研究。弗农的产品生命周期理论把一个新产品的生命周期划分为创新、成熟以及标准化生产三个阶段，当产品处于标准化阶段时，新产品的研发国只能通过对外直接投资方式将产品的生产组装转移到具有劳动力或资本比较有优势的国家或地区才能获取利润的最大化。日本经济学家赤松要的“雁行形态理论”指出，后进国家通过对国外产品的模仿、引进和利用进口产品的生产工艺和技术来增加某些进口产品的国内生产能力并最终形成该产品的出口浪潮。阿瑟·刘易斯在《国际经济秩序的演变》一书中指出，经济发达国家应将本国的劳动密集型产业产品的生产转移到具有劳动力充裕的发展中国家进行，专门从事本国具有比较优势的技术或资本密集型行业的生产，其市场所需的劳动密集型产品则可由进行生产的发展中国家进口来满足。

20 世纪 80 年代以来，随着科技进步不断促使新兴产业兴起，美、日等发达国家的比较优势也在不断发生变化。大多数有“夕阳产业”之称的劳动密集型产业和部分低附加值的资金、技术密集型产业的比较优势正在逐渐丧失，由于其国内劳动力成本的上升，这些产业也逐渐失去了国际竞争优势，这就迫使发达国家做出产业调整并将这些已失去比较优势的产业向海外转移。另外，亚洲“四小龙”等新兴工业化国家或地区在国际产业的梯度转移中通过大量吸收发达国家的投资，承接了美、日等发达国家转移出来的重化工业和微电子等高科技产业，并将劳动密集型产业和一部分资金技术密集型产业转移到中国和东盟。

在承接国际产业转移方面，中国是吸纳国际产业转移最多的发展中国家。据联合国贸发会议统计，中国利用外资连续十多年居发展中国家首位。发达国家看重中国国内规模和潜力巨大且成长性良好的市场，大量廉价熟练劳动力以及广阔的经济增长前景，使得人力资源价格能够保持在相对稳定的较低水平。另外，中国在承接国际产业转移方面还具有明显的空间优势：首先，中国现有较多的鼓励外商投资的优惠政策为吸收国外直接投资，为承接国际产业转移提供了广阔空间；其次，中国的长三角和珠三角一带形成了产品和服务配套程度很高的企业群和产业群，为承接国际产业转移奠定了基础。

不可否认的是，国际产业转移促进了中国制造业生产能力的提高，带动了中国产业结构升级，加快了中国技术进步的步伐，一定程度上提高了中国制造业的整体技术水平，并由此促进了中国出口竞争力的提升和出口结构的升级优化。但也要看到，国际产业转移也使得中国在大多数的劳动密集型产业（如上文中提到的纺织服装、钢铁制品以及家具制品等）获得相对更大的比较优势，并逐渐占据大多数的国际市场。但美国对这些产业的对外转移并不意味着这些产业在美国国内的消亡，消费者多样性偏好的存在使得一部分企业还会继续生产，或者将生产转向该产业较高附加值的环节。其结果在双边贸易中表现为中国在这些产业中出口额十分巨大，而进口额相对较小，从而导致中美这些产业的产业内贸易水平较低，从表 4-1 中可以看出这些产业的产业内贸易指数大多在 0.2 以下，基本上表现为产业间贸易。

（二）全球价值链分工与中国产业内贸易发展

在经济全球化的背景下，随着国际分工的进一步深化，跨国公司逐渐成为分工的主体，出于降低生产成本的考虑，它们越来越多地通过直接投资把产品生产环节的一部分转移到中国，使中国的加工贸易逐渐成为对外贸易的重要组成部分。在跨国公司这一分工模式的主导下，全球生产网络的形成和产品价值链在全球范围内的分布产生了新国际分工，由此对世界经济与国际经济关系产生了重大影响。

在全球生产网络[①] 的体系下，不同生产环节在不同国家或地区进行，由此产生大量的零部件和中间产品的贸易，对所在地的进出口和就业产

① 全球生产网络指的是跨国公司通过在世界各地的生产资源的整合，采用投资建厂或业务外包的形式，建立起世界范围的工厂或制造基地。

生重要影响。全球生产网络的形成，使得很多以前在一个地方完成的最终产品的生产，被分解为若干个独立步骤或模块，而每一个步骤或模块都在那些能够以最低成本完成的地方生产，从而使得国际贸易从原来的最终消费品的交换，转变为产品零配件的交换。跨国公司在全球生产网络的形成过程中发挥了重要作用，它们在全球一体化经营体系转变的过程中，通过对外直接投资使得参与不同生产环节的各国加入这一体系。

在全球产品价值链[①]已经形成的背景下，单个产品生产的价值链是由众多的价值环节构成的，价值链上不同的企业进行着从设计、产品开发、中间产品及最终产品生产制造、营销、出售、消费、售后服务、最后循环利用等各种增值活动。价值链上的各“价值环节”所创造的价值离散地分布于价值链的各个环节中，从产品的生产过程到最终产品形成过程再到最终产品销售过程，价值链上各环节创造的价值随各种要素密集度的变化而变化。因此，产品内分工价值链的各环节所获得的价值增值是不均等的，一些要素密集度较高的环节（如研发、品牌和服务）获得的价值增值较高，相应地某些辅助性环节（如组装）所获得的价值增值相应就较低，最终形成了一条“微笑曲线”，如图 4-2 所示。

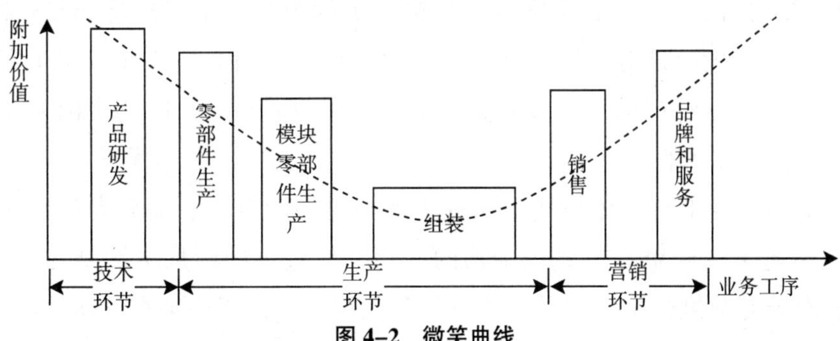

图 4-2　微笑曲线

资料来源：［日］关志雄. 反驳日本的中国威胁论［M］//上海：上海远东出版社，2002. 张幼文，黄仁伟. 制度竞争与中国国际分工地位. 上海：上海远东出版社，2002.

① 产品价值链是指一种商品或服务在创造过程中所经历的从原材料处理到最终产品形成的各个连续的价值增值阶段，包括研发设计、生产制造、营运销售等诸多环节，还包括所有参与者在其中参加价值创造和利润分配的过程。

全球生产网络的形成，以及产品价值链在全球范围内实现重构，促进了新国际分工模式的形成。新国际分工模式与传统国际分工模式相比，最大的区别在于前者由过去的建立在资源禀赋状况基础上的产业间分工演变为产业内或产品内分工，即由跨国公司主导的这一分工模式是在同一产业或产品内部根据全球生产价值链的划分进行分工合作，从而导致国与国之间产业内贸易规模的增大。

在全球产品价值链体系中，虽然参与同一产品价值创造的国家和地区很多，但价值创造过程中各国或地区所处的位置则大不相同。其中，技术发达国家主导价值创造和分配，它们是产品价值链的领导者，享有该产品最大的附加价值；发展中国家往往只有服从价值安排和分配，它们是产品价值链的参与者，两者间有明显的层级关系。以美国为首的发达国家，利用雄厚的技术力量和充裕的科研经费，使自己成为新产品新技术的发源地，综合利用各种优势，抢占价值链的高端，主要从事产品（包括服务）研发阶段的生产以及品牌经营，处于全球价值链分工的高端；以 NICS 等为首的新兴工业化国家（地区）由于经济发展已经达到一定程度，拥有熟练的工程技术人员，承担了技术和资金密集的零部件和模块零部件的生产，处于全球价值链分工的中端；由于经济起步较晚，中国主要承担的是劳动密集型的装配制造部分，因为这些环节对于资金技术的要求相对较低，更多地需要质优价廉的劳动力，因此中国处于全球价值链分工的低端。

新国际分工在具体形式上表现为产品内国际分工，而后者的变化与发展引起了国际贸易方式和结构的变化，促进了国际加工贸易的发展。随着对外开放度的加大和外贸体制改革的深化，由于中国在“微笑曲线”中的特殊位置使得加工贸易正在迅速崛起，2018 年中国加工贸易进出口为 12675.5 亿美元，占当年进出口总额的 27.46%。加工贸易的发展不仅丰富了中国对外经济交往的内容和形式，而且促进了中国企业融入产品内国际分工网络的步伐，目前，加工贸易已经成为中国参与产品内国际分工的重要方式。

加工贸易是由产品生产工序或流程的国际化分散生产所带来的国际贸易，它通常的流程是从国外进口原料或零部件，然后在国内进行加工装配，最后的制成品一般出口到国外市场。加工贸易的“两头在外”和“一进一出”使得我们有必要对中国对外贸易的地理方向特征进行研究，从而进一步分析中美之间的产业内贸易现状形成的原因。

根据加工贸易的特点，我们可以将其贸易方式划分为中间品贸易和最终产品贸易。在实际计量中可使用的一种统计方法是 UNSD 推出的按生产阶段进行的广义经济分类法（BEC），该分类法按商品在国民核算账户体系（SNA）中的主要用途，把 SITC 或 HS 的贸易数据转化为标明了产品用途（初级产品、中间投入品和最终产品）的数据。在产品的生产过程中，能作为中间投入品的主要是初级产品、半成品和零部件。由于农产品等初级产品贸易不在本书的讨论范围之内，因此统计中所包含的中间产品只包括 BEC 分类法中的 21 类、22 类、31 类、32 类、42 类和 53 类产品，其中包括半成品（21 类+22 类+31 类+32 类）和零部件（42 类+53 类）。最终产品贸易包含资本品（41 类+521 类）和消费品（51 类+522 类+6 类）。

表 4-5 是 2002 年、2010 年和 2018 年中国加工贸易进出口的地理方向特征。从零部件和中间产品的进口贸易地理方向来看，东亚经济体是中国最主要的进口国，其中，40%左右的零部件和中间产品进口来自东亚国家或地区（不包括中国台湾）。以 2010 年为例，中国从日本进口中间产品 967 亿美元，占比 13.5%；从韩国进口 797 亿美元，占比 11.1%；从东盟进口 831 亿美元，占比 11.6%；而从美国进口仅为 433 亿美元，仅占比 6%。相对于 2002 年，中国从东亚经济体的进口比例稍有下降，其原因在于近年来随着中国劳动力成本的逐步上升，劳动力资源比较优势逐步下降，一些跨国公司原本设在国内的部分生产基地逐渐向东盟进行产业转移。

从最终产品出口贸易的地理方向看，美国是中国最主要的出口目的地，对东亚经济体的出口虽然也占有较大比例，但相对中间产品进口来

表 4-5　2002 年、2010 年、2018 年中国加工贸易进出口地理方向

单位：%

国家或地区	年份	中间产品（进口）	半成品	零配件	最终产品（出口）	资本品	消费品
美国	2002	7.1	4.3	2.9	27.7	9.1	18.6
	2010	6.0	3.8	2.3	23.9	11.1	12.8
	2018	5.5	4.4	1.1	24.8	13.3	11.5
日本	2002	17.8	9.1	8.7	14.8	4.0	10.8
	2010	13.5	6.8	6.7	7.6	4.9	2.7
	2018	7.1	4.5	2.6	6.0	2.9	3.1
韩国	2002	10.2	6.9	3.3	3.0	1.2	1.8
	2010	11.1	5.5	5.7	2.3	1.2	1.1
	2018	10.5	8.9	1.6	3.1	2.0	1.1
中国香港	2002	3.8	1.9	1.9	15.3	6.6	8.7
	2010	1.4	0.8	0.6	14.2	9.2	5.0
	2018	0.5	0.4	0.1	11.4	9.1	2.3
东盟	2002	11.9	6.4	5.5	4.3	2.3	2.0
	2010	11.6	4.9	6.7	5.3	3.5	1.8
	2018	12.3	9.5	2.8	8.5	5.3	3.2
印度	2002	1.0	1.0	0.0	0.4	0.3	0.1
	2010	2.0	1.9	0.1	1.6	1.2	0.4
	2018	1.1	1.0	0.1	2	1.4	0.6

注：由于中国台湾不属于联合国成员，该网站没有提供中国台湾的贸易数据，故本书在统计中国与东亚经济体的贸易数据时不包含与中国台湾的贸易数据。

资料来源：根据 UN COMTRADE 网站数据整理得出。

说其比例较小。以 2010 年为例，中国对美国出口最终产品 1612 亿美元，占比 23.9%；对日本出口 510 亿美元，占比 7.6%；对韩国和东盟的出口比例都相对较小；虽然对中国香港出口达到 967 亿美元，但其中很大一部分都只是转口贸易。相对于 2002 年，虽然中国 2010 年最终产品出口贸易额有较大幅度的上升（3.68 倍），但对美国和东亚经济体的出口比例都有所下降，出口贸易的地理方向更加分散。

从上文对中间产品和最终产品的进出口方向的分析中可以看出，中国加工贸易在地理方向上有一种内在的不对称性，即进口与出口的地理方向不同。它反映了中国制造业在新国际分工中的特点，即主要从亚洲国家或地区进口中间产品，经过加工组装后主要出口到美国等发达国家（见图 4-3）。这一特点也反映了中国的贸易差额结构，即对亚洲国家或地区的逆差和对欧美的顺差。

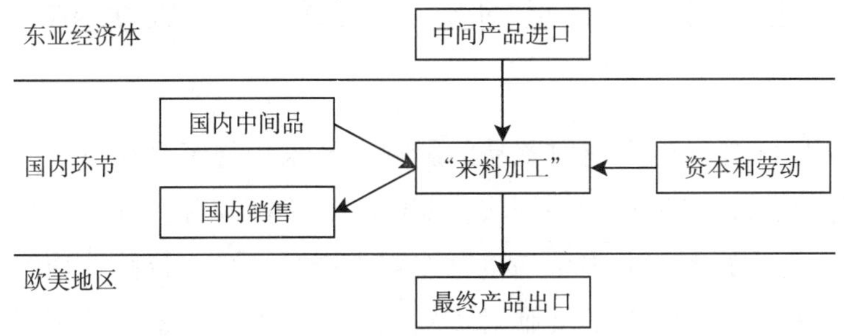

图 4-3 中国加工贸易流程

中国中间产品的进口贸易之所以明显偏向东亚经济体，这是因为和其他地区相比，东亚地区和中国地理位置接近、文化传统相似、经济发展呈现阶梯层次，而且中国劳动力资源丰富，劳动力成本低，且素质相对较高，再加上优惠的贸易政策和国内巨大的需求潜力，吸引了大量来自东亚国家和地区的跨国公司，这些跨国公司的子公司一般从其本国进口核心零部件，从而使中国的中间产品贸易具有典型的东亚区域生产网络特征。而最终产品的出口贸易之所以明显偏向美国，这是由东亚地区的生产转移使得该地区的组装环节大多集中到中国，从而使得最终产品的出口集中转移到中国。

中国从东亚经济体进口中间产品同时向美国出口最终产品的生产模式使得中国、美国和东亚经济体之间的贸易呈现出“三角贸易”的模式，即中国从东亚经济体进口中间产品，经过加工组装后主要出口到美国等发达国家。中国、美国、东亚的三角贸易模式反映在全球生产价值链上就是：美国处于价值链的高端，从事产品研发和品牌服务环节；东亚经济体处于价值链的中端，从事零部件和模块化零部件生产环节；中国处于价值链的低端，从事生产组装环节，中美之间在全球价值链分工中的前向联系不强。其结果就使得中美之间的一些制造业（如机械器具及零部件、电机电气设备及零部件）产业内贸易水平处于较低水平。

四、中国产业内贸易发展的实证分析

分析国际分工对产业内贸易的影响主要采用规范分析方法，很多的结论都很难通过实证检验去证实。实际上，除国际分工外，贸易国之间的产业结构差异对产业内贸易也存在较大影响。自巴拉萨使用产业内贸易这一概念以来，大量的文献对该领域的研究做出了重要的贡献，但至今理论研究仍未形成一个统一的范式，实证研究也被迫采取一个折中的方法，即把不同文献所涉及的各种影响因素囊括在同一个回归模型中。

由于各种影响因素在数据采集时处于不同的层面，实证研究一般从体现国家特征和产业特征的两个层面展开分析。从国家特征层面看，相关研究表明，收入水平、国家经济规模、国家要素禀赋、国家距离、工业化程度、政府政策、区域贸易安排、贸易壁垒等因素都会对产业内贸易及水平和垂直产业内贸易产生不同的影响；从产业特征层面看，研究者则把产业内贸易水平的决定因素归结为产品差异化、规模经济、市场结构、产业要素禀赋差异、R&D 水平、FDI、关税水平，等等。

从目前对中国产业内贸易影响因素的实证研究看，大多数文献是从国家特征的角度进行研究，从产业特征的角度去探讨的文献较少。这是因为对一些关键性产业特征影响因素，实证研究得出的结论不完全相同，在一些研究中规模经济因素对产业内贸易有正的影响（张彬、孙孟，2009；Greenaway and Milner，1999），而在另一些研究中却发现了负的影响（陈迅等，2004；Balassa，1986）；在大多数研究中，产品多样化因素对产业内贸易的影响都是正的（马剑飞等，2002；Balassa，1986），而Greenaway，Hine和Milner（1995）却发现，水平产业内贸易与厂商数量呈负相关且与产品多样化关系不大。

这些基于产业层面的实证研究之所以得出一些不同的结论，较大程度上与实证方法存在一定的局限性有关。首先，在产业特征的变量选择上存在较大的随意性，Torstensson（1996）强调产业特征的变量很大程度上决定了模型的稳健性，国内统计数据的缺乏使得很多文献在产业特征因素变量的选择上采用关联性不强的代理变量，从而导致模型的解释力减弱；其次，一些跨国家的实证模型往往采用一国的产业特征数据来代替本国与其他所有国家的产业特征数据，比如，研究中国与东盟产业内贸易的决定因素时只采用中国的产业数据，而不考虑或只有个别指数考虑东盟的产业数据。

本章试图从双边产业结构差异的角度对产业内贸易的影响因素进行解析，通过采用Balassa-Bauwens相对差异指数对双边产业特征数据进行处理，找出中美产业内贸易发展存在差异的原因。产业结构是指各产业的构成及各产业之间的联系和比例关系，一般包括需求结构（如社会消费水平和结构）、供给结构（如社会产出水平和结构）、科技结构（如R&D费用）以及对外经济结构（如进出口贸易）。本章在分析两国产业结构差异对双边产业内贸易的影响时考虑以上几个方面的因素。

在被解释变量的选择上，国内大多数相关文献的计量研究采用OLS或其变种方法。在解释变量的选取过程中，我们应该遵循内在关联性、资料真实性和数据可获得性的原则，找出可能影响双边产业内贸易的产业结构差异变量。一般而言，需求结构、供给结构、国际贸易结构和国际投资结构是影响一国产业结构的主要因素，分析产业结构差异对两国产业内贸易的影响必须考虑这些因素。因此，本书选择国内消费量差异、产业规模差异、经济外向度差异、对华FDI四个代理变量作为该模型的解释变量（由于分行业R&D数据难以获得，我们在考虑产业结构差异时不得不忽略这一变量）。对这些变量的具体解释如下：

人均国内消费量差异（CONS）。人均消费量的统计是以某产业总产出水平加上净进口水平再除以本国总人口数来表示，在两国差异值的选择上，我们不采用两国差异的绝对值，而是使用巴拉萨—鲍文相对差异指数（Balassa and Bauwens，1987）来衡量。该指数的计算公式为：

$$INEQ=1+[w\ln w+(1-w)\ln(1-w)]/\ln 2$$

其中，$INEQ\in(0,1)$；w＝本国的特征/(本国的特征＋外国的特征)。对两国产业特征数据进行如此转换是因为该指数从国家特征来说是对称的，它不受衡量单位变化的影响，当w接近1/2时该指数接近0，而当w接近1或者0时，该指数接近1。预计该指数与两国产业内贸易指数负相关，依据消费者偏好理论，消费者偏好受预算水平的制约，两国之间的消费者预算水平的差距越小，相互需求异质产品的强度就越大，两国产业内贸易比重就越高。

产业规模差异（SIZE）。产业规模变量采用各产业工业增加值作为代理变量，再使用巴拉萨—鲍文相对差异指数来消除规模偏差。预计该指数与两国产业内贸易指数负相关，因为国家规模或产业规模的相似性可以反映规模经济以及提供差异性产品能力的相似性，两国产业规模差距越小，提供差异产品的能力就越大，产业内贸易的可能性也就越大。

经济外向度差异（TREX）。经济外向度变量以一国各产业进出口总额与本国该产业总产出之比作为代理变量，再使用巴拉萨—鲍文相对差异指数来消除规模偏差。预计该指数与两国产业内贸易指数负相关，因为一国开放度越高，贸易壁垒越少，国内企业参与国际贸易的机会也就越多，从而也就导致较高的产业内贸易水平。

对华FDI（LnFDI）。由于中国对美国直接投资数量较少且难以统计，该指数只选择美国对华FDI作为代理变量，为消除异方差我们在回归时对该数据进行对数处理。预计该指数与两国产业内贸易指数的关系不确定，如果外资进入的动机是为了分割生产过程中各个环节就会扩大双边产业间贸易，如果进入的动机是为了追求规模经济和产品多样化则会扩大双边产业内贸易。

根据上文设定的被解释变量和解释变量，我们采用面板数据分别对如下计量模型进行回归分析：

$$IIT_{it} = \beta_0 + \beta_1 CONS_{it} + \beta_2 SIZE_{it} + \beta_3 TREX_{it} + \beta_4 LnFDI_{it} + \mu_{it}$$

其中，下标 i 表示产业部门，t 表示年份，由此可以整理出 2002~2018 年中美、中印产业内贸易和产业结构差异的面板数据集。在回归时分别采用固定效应模型和随机效应模型做出估计，并通过豪斯曼检验（Hausman Test）来判断二者的优劣。

出于数据准确性和可获得性的考虑，我们选取纺织服装产品、贱金属制品、杂项制品、化学化工产品、塑料塑胶制品、纸及纸制品、机械电机设备、交通运输设备 8 个行业的产业特征数据。其中，中美、中印进出口贸易数据选自联合国国际贸易网站（http：//www.comtrade.un.org）；中国产业特征数据选自各年度中国统计年鉴；美国产业特征数据及 FDI 数据选自美国经济分析局网站（http：//www.bea.doc.gov）；人口及各产业就业人口数据选自美国劳动统计局网站（http：//www.bls.gov）；印度产业特征数据及就业数据来自印度国家统计局（http：//www.mospi.nic.in）。

对产业内贸易影响因素的实证研究，Balassa（1986）指出，运用 OLS 和 Logit 模型得出的结果具有相似性。我们分别运用这两种模型对中美、中印产业内贸易进行检验。利用 EVIEWS6.0 软件估计上述面板数据的固定效应和随机效应模型，通过豪斯曼检验，我们选择了随机效应模型的结果，估计结果如表 4-6 所示。

表 4-6　2002~2018 年中美、中印产业内贸易影响因素

变量	CONS	SIZE	TREX	LnFDI	Adj R^2	F-value	Obs
中美	-1.837* (-8.054)	-1.304* (-5.786)	-4.414* (-7.083)	0.129* (5.318)	0.251	5.973	63
中印	-0.957* (-3.054)	-2.406 (-1.346)	-5.089** (-2.283)	0.224 (1.387)	0.267	8.723	63

注：括号中的数值表示 t 统计量，*、*** 分别表示该估计量在 1%、10%的水平上显著。

表 4-6 中模型各变量的回归结果大多获得了较高的显著性，且各变量的系数符号与预期相同，OLS 模型对中美、中印产业内贸易影响因素的解释力度较强。对各变量的解释如下：

人均消费量差异（CONS）与中美产业内贸易负相关，与理论预期相符，该指数通过了 1%水平上的显著性检验，说明两国人均消费量差异的缩小有助于双边产业内贸易的提升。产业规模差异（SIZE）与中美产业内贸易负相关，与理论预期相符且通过了 1%水平上的显著性检验，也就是说中美产业规模差异的缩小有助于双边产业内贸易的提升。经济外向度差异（TREX）与中美产业内贸易负相关，与理论预期相符，统计显著，这可能与中美贸易壁垒较多有关，而贸易摩擦的减少有利于双边产业内贸易的提升（柳剑平等，2009）。对华 FDI（LnFDI）与中美产业内贸易正相关，但前者统计上显著而后者不显著，说明美国对华 FDI 对产业内贸易的促进作用大于替代作用，而且美国对华 FDI 对双边产业内贸易的促进作用更大。

从产业结构差异的角度对中美产业内贸易影响因素的实证研究表明，中美产业结构的巨大差异是中美分行业产业内贸易发展不均衡的重要原因。因此，我们可以通过扩大国内人均消费水平、提升产业规模、优化出口结构以及调整外资政策等优化中国产业结构的措施来促进中美产业内贸易的提升。

第五章
产业内贸易与贸易摩擦的耦合

2001年中国加入WTO以来，伴随着中国产业结构的升级，中美产业内贸易规模的扩大已逐步成为中美贸易发展的主要趋势，外国对华贸易摩擦数量和涉案产品金额也在不断增加。与此同时，随着产业内贸易的逐渐盛行，外国对华贸易摩擦发生的行业领域正在逐渐发生着变化。本章通过对比分析产业内贸易与边际产业内贸易指数与贸易摩擦的产业分布，试图找出产业内贸易与贸易摩擦产业分布之间的耦合关系。并运用统计分析和实证模型检验两者之间存在的关系，在此基础上将外国对华贸易摩擦按产业内贸易发展状况划分为产业内贸易摩擦和产业间贸易摩擦，并分析和比较两种类型贸易摩擦的特征和差异。

前文对外国对华贸易摩擦的分类是按照贸易摩擦的实施工具来划分的，这种分类方式有助于对贸易摩擦分门别类地进行研究，分析不同类型贸易摩擦形成的动因和过程，并找出缓解对策。这一分类方式为国内大多数的研究者采用，并得出了相当丰富的成果。但该方式并不涉及贸易摩擦的行业分布情况，不能解释为什么一些行业贸易摩擦发生得少，而在另一些行业贸易摩擦则频繁发生。为了解决这一问题，本章通过对产业内贸易与外国对华贸易摩擦的统计及实证分析，阐释两者之间存在的数量关系，并运用中日产业内贸易和贸易摩擦之间的关系进行佐证。为了从实证角度验证这一关系，我们进一步利用泊松计数模型对两者的相关性进行分析。

一、中美、中印、中日产业内贸易与贸易摩擦耦合的统计分析

（一）中美产业内贸易与贸易摩擦的统计分析

综合表 3-3 和表 4-1，可以发现在贸易摩擦发生的数量上，美国对华反倾销有接近 60%左右发生在纺织服装产品（61 章、62 章）、贱金属制品（73 章）以及杂项制品（94 章）等第一类产业内贸易指数较低的产业中；而在以产业内贸易指数较高的化学化工产品（28 章、29 章）、塑料塑胶制品（39 章、40 章）、纸及纸制品（48 章）、机械电机设备（84 章、85 章）、交通运输设备（87 章）等为主体的第二、第三类产业中，反倾销发生的概率则下降为 40%。在贸易摩擦的涉案金额上，产业内贸易指数较低行业中涉案产品金额占总金额的将近 2/3，而产业内贸易指数较高行业中涉案产品金额仅占总金额的 1/3 左右。因此，产业内贸易指数较高的行业不管是反倾销发生的数量，还是对本行业出口和发展的影响（涉案产品金额）远不及产业内贸易指数较低的行业。

综合表 3-4 和表 4-1，可以发现在贸易摩擦发生的数量上，美国对华发起的“双反”调查有 2/3 以上发生在纺织服装产品、贱金属制品以及杂项制品等第一类产业内贸易指数较低的产业中；而在以产业内贸易指数较高的化学化工产品、塑料塑胶制品、纸及纸制品、机械电机设备等为主体的第二、第三类产业中，贸易摩擦发生的次数则相对较少，不到总数的 1/3。在贸易摩擦的涉案金额上，产业内贸易指数较低行业中涉案产品金额占总金额的超过 70%，而产业内贸易指数较高行业中涉案产品金额则不到总金额的 30%。因此，无论从贸易摩擦发生的概率还是涉案金额来看，美国对华“双反”调查对产业内贸易指数较低的行业都影响巨大。

综合表 3-5 和表 4-1，可以发现在贸易摩擦发生的数量上，美国对华发起的特保措施绝大部分发生在纺织服装产品、贱金属制品以及杂项制品等第一类产业内贸易指数较低的产业中，仅有少数发生在产业内贸易指数较高的塑料塑胶制品及机械电机设备等第二、第三类产业中，在贸易摩擦的涉案金额上大体也呈如此分配。

总体来看，我们发现在贸易摩擦的数量上，美国对华发起的贸易摩擦有 2/3 以上发生在纺织服装产品、贱金属制品以及杂项制品等第一类产业内贸易指数较低的产业中；而在以产业内贸易指数较高的化学化工产品、塑料塑胶制品、纸及纸制品、机械电机设备、交通运输设备等为主体的第二、第三类产业中，贸易摩擦发生的次数则相对较少，不到总数的 1/3。在贸易摩擦的涉案金额上，产业内贸易指数较低行业中涉案产品金额占总金额的将近 70%，而产业内贸易指数较高行业中涉案产品金额仅占总金额的 30%左右。与之相对应的是，在此期间中国对美国发起的 25 起贸易救济措施（立案数量）中也有 21 起摩擦发生在这些行业中（柳剑平等，2012）。中美各行业贸易摩擦发生的概率与该行业产业内贸易水平呈负相关关系。

（二）中印产业内贸易与贸易摩擦的统计分析

根据联合国国际贸易网站的统计数据，近年来中国向印度出口的商品主要为机电产品、化工产品、贱金属及制品和纺织品及原料，而印度向中国出口的商品主要为矿产品、贱金属及制品、化工产品和纺织品及原料，其中多数产业双边贸易重合量较高。以化学化工行业为例，一方面，中国是印度化学化工产品进口总量最多的国家；另一方面，中国也是其出口总量排名第二的国家。但反映在双边产业内贸易指数上（见表 4-3），该指数有逐年下滑的趋势，表明两国在该行业的贸易逐渐由竞争性贸易转向互补性贸易。而在纺织品贸易领域，作为全球排名前两位的纺织品贸易大国，双边的贸易竞争则在逐年增加。

综合表 3-10 和 4-3，尽管中印之间各行业综合产业内贸易指数都较低，但印度对华贸易摩擦仍主要分布在产业内贸易指数较低的行业，如化学化工产品、贱金属制品、机械机电产品等。而在产业内贸易指数相对较高的纺织服装产品中，贸易摩擦发生的概率相对较小。即使是在化学化工行业，产业内贸易指数与贸易摩擦发生数量之间的负相关关系仍然成立，在初期产业内贸易指数较高时，印度对华贸易摩擦数量明显少于后期产业内贸易指数较低时期。

（三）中日产业内贸易与贸易摩擦的统计分析

相比美国对华贸易摩擦，近年来由于中日产业内贸易指数处于较高水平且逐步上升，而中日贸易摩擦表现相对温和，中日间鲜有直接贸易摩擦发生，基本上没有出现对华的“双反”和“特保”措施。日本对于农产品和纺织品等不具有比较优势及产业内贸易水平较低的产业（如食品、纺织服装等）较多地采用技术性贸易壁垒保护本国产业，如农产品的肯定列表制度和较为严格的纺织品产品质量标准。

虽然“两反一保”措施和技术性标准都是WTO的合规性措施，但这两者对目标国和实施国的影响是不同的。“两反一保”措施实施的时间可能较长，可能涉及所有同类产品，对目标国产品出口影响较大。同时，由于“两反一保”措施的实施可能引发目标国的报复，对实施国产品出口也会产生较大影响。技术性标准一般只具体针对检验不合格的某产地某批次的产品，对目标国产品出口影响不大。同时，技术性标准一般不会引发目标国报复，对实施国产品出口也不会产生影响，从这个意义上来说，技术性标准比“两反一保”措施相对要温和一些。

统计数据表明，相对于中日之间较高IIT指数，中美之间的IIT指数大多年份都比较低，说明中美之间的贸易主要是以互补性的产业间贸易为主，而中日之间的贸易则以竞争性的产业内贸易为主，中日产业内贸易发展明显小于中美贸易。从贸易摩擦的总体水平看，中日贸易摩擦无论从数量还是对双边贸易的影响程度来看都要优于中美；中日贸易摩擦大多出现在双边产业内贸易水平较低的行业中。因此，中日贸易摩擦的产业分布进一步验证产业内贸易水平与贸易摩擦之间存在着反向关系的观点。

根据以上的分析，我们初步得出结论：产业内贸易发展程度与各行业产业贸易摩擦的发生数量及涉案金额呈反向分布特征，在产业内贸易水平较高的产业中，贸易运行顺畅，而贸易摩擦大多发生在产业内贸易水平较低的产业中。这一结论在统计上具有直观性，但产业内贸易水平高低与贸易摩擦数量（金额）多少之间的联系在统计上是否具有显著性？这一联系的相关性有多高？这些问题都需要通过实证模型来验证。

二、产业内贸易与贸易摩擦耦合的实证分析——基于泊松计数模型

在贸易摩擦的实证分析中，将贸易理论与贸易摩擦现实情况相结合比较困难，因为理论或政策的个体需求差异要求模型的细化，但实际数据却十分缺乏。现有文献对贸易摩擦的实证研究主要是运用反倾销案例分析各种因素对反倾销形成的影响，这些因素包括国家层面的因素（如汇率变动、政治制度等）和产业层面的因素（如产业利益集团、贸易压力等）。

在影响反倾销的国家层面的因素方面，Feinberg（1989）采用Tobit模型研究美国对日本、巴西、墨西哥及韩国的反倾销案例，认为汇率波动是各国发起反倾销的重要诱因，该研究还指出，各国GDP的增长率和反倾销案件数量成反比。Knetter和Prusa（2003）对澳大利亚、加拿大、欧盟和美国反倾销的研究进一步证实了这一结论。王孝松等（2009）、潘园园等（2008）对中国遭遇的反倾销的研究也证实了前一个结论。但Sadni等（2005）运用负二项式回归模型对美国和欧盟对外反倾销的研究认为，第二个结论仅适用于美国。谢建国（2006）使用格兰杰因果检验和泊松

计数模型验证了经济因素（如工业产出波动）仍是美国对华反倾销的主要原因，同时，政治因素（如两国政治联系密切度）与对华反倾销数量之间存在显著联系。

在影响反倾销的产业层面，Leidy（1997）对美国对外反倾销的研究也在一定程度上与该文结论相似。李磊等（2011）运用混合 Logit 模型对中国遭遇的反倾销的实证研究表明，规模较大或沉没成本较高的企业更有可能寻求反倾销保护，政府也会支持该产业的反倾销诉讼。此外，沈国兵（2007）运用负二项回归多变量计数模型进一步得出进口渗透率和中国反倾销报复能力是影响美国对华反倾销数量多寡的重要因素。

（一）变量选取与数据来源

我们建立一个平衡面板数据的泊松计数模型对美国对华贸易摩擦产业层面的影响因素进行实证分析，并利用负二项回归模型检验该模型的稳健性。我们以 2002~2018 年美国、印度分行业的对华贸易摩擦数量（AD）作为被解释变量，用以说明和验证产业内贸易及贸易摩擦之间存在的关系。被解释变量数据来源于上文统计。

借鉴现有文献的实证检验分析框架，我们选取了 5 类解释变量，并对这些变量的可能影响方向做出理论上的预测。

第一类解释变量是产业内贸易（IIT）。该变量是我们设立模型的关键，上文从统计的角度得出产业内贸易指数较高的行业中美贸易运行顺畅，贸易摩擦大多发生在产业内贸易指数较低的行业中，产业内贸易指数与贸易摩擦之间呈负相关关系，因此我们预期该变量的系数为负。产业内贸易指数数据来源于上文的统计。

第二类解释变量是贸易压力（TP）。一般来说，单一行业巨额的贸易逆差和激增的进口会增加国内企业寻求贸易保护的可能性，政府也易于接受来自该行业的反倾销指控。Mah（2000）发现，贸易差额对实施反倾销投赞成票的增长率具有统计上的显著单项协整关系。本书选择行业进口渗透力来衡量贸易压力，这一指标以中国进口额占美国该行业 GDP 的比重表示。沈国兵（2007）认为，美国从中国进口渗透压力越大，由此造成的美国对华贸易压力越大，导致美国反倾销数量大幅增加，我们预期该变量的系数为正。中国进口额数据来源于联合国商品和贸易网站（http：//www.comtrade.un.org），美国各行业 GDP 数据来源于美国国家经济分析局网站（http：//www.bea.doc.gov），印度各行业 GDP 数据来源于印度国家统计局（http：//www.mospi.nic.in）。

第三类解释变量是利益集团（IG）。从国内利益集团的角度看，一方面，在经济萧条就业水平下降时，进口竞争部门的厂商与工会集团有更大的积极性加大对国会的游说力度，要求提高贸易保护水平，这一压力最终会影响 ITC 对贸易摩擦最终措施的裁决（谢建国，2006）；另一方面，Blonigen 和 Bown（2003）认为，出口集团很容易受到战略性反倾销报复，出口商和跨国公司有动力通过游说来维持母国和东道国之间稳定的经贸关系，避免在贸易报复中遭到损失。因此，我们选择美国分行业的失业率（EMP）和对华投资额（FDI）作为利益集团的两个代理变量，预期失业率变量的系数为正，对华投资额变量的系数为负。美国分行业失业率数据和对华投资额数据来源于美国劳动统计局网站（www.bls.gov），印度分行业失业率数据来源于印度统计年鉴。

第四类解释变量是贸易摩擦报复能力（RE）。作为 WTO 的成员国之一，中国完全能够利用自身的合法权利对反倾销发起国有针对性地发起反倾销调查以威慑该行业美国对华的反倾销行为（王孝松等，2009）。此外，Blonigen 和 Bown（2003）研究发现，美国企业很少对具有积极反倾销措施和接受美国大量出口国家的企业提起反倾销起诉。相反，美国对某国的出口量越小，意味着该国采取报复的能力越有限，则美国越有可能对该国实施反倾销措施。因此，我们选择本年度该行业中国对美国（对印度）发起反倾销数量（REA）和美国（印度）对华出口占其总出口的比重（CEX）作为报复能力的两个代理变量，预期这两个代理变量的系数均为负。中国对美国（对印度）反倾销数据来源于全球反倾销数据库（Global Antidumping Database），美国（印度）出口数据同样来源于联合国商品和贸易网站（http：//comtrade.un.org）。

第五类解释变量是行业控制变量（CV）。考虑到某些行业在美国（印度）对华贸易摩擦中具有特殊性，这些行业由于某种原因往往更倾向于运用反倾销、“特保”措施等措施保护本行业的发展，我们在模型中添加贱金属制品行业（BSM）、纺织服装产品行业（TXT）等控制变量。由于过去发起过贸易摩擦的行业在将来较有可能会继续发起反倾销指控，我们预期该变量的系数为正。

（二）模型设定

由于被解释变量美国对华贸易摩擦的涉案产品数量是非负的离散变量，且是统计美国在 t 年 i 产业对中国发起的贸易摩擦的计数数值，它不满足经典计量回归的前提假定，在此情况下使用经典计量模型回归就会出现一些估算上的问题，模型系数的一致性、参数检验的有效性都会受到影响，为解决这一问题，研究此类问题的学者们一般使用计数模型（Count Model）来进行估计。在计数模型中，一般假定被解释变量的离散取值服从泊松分布（Poisson Distribute），其分布函数为：

$$P(Y=y_t)=\frac{\exp(-\lambda)\lambda^{y_t}}{y_t!}，\ y_t=1，2，3\cdots \tag{5-1}$$

$E(y_t)=\lambda$，$Var(y_t)=\lambda$，即随机变量 y_t 的均值与方差均为 λ，泊松回归模型就是描述服从泊松分布的目标变量 y 的均值 a 与解释变量 x 之间关系的回归模型：

$$\ln(E(Y=y_t|X_t，\ v_t))=\beta_0+\beta_1x_{1t}+\beta_2x_{2t}+\cdots+\beta_mx_{mi}+\varepsilon_t \tag{5-2}$$

由于泊松模型要求被预测的随机变量 y_i 的均值与方差相等，但实际数据经常不能满足这个条件，例如在我们的数据中，方差是均值的近 6 倍。在数据过度分散情况下，为了避免模型的错误设定，我们可以使用负二项式分布模型来进行稳健性检验。该模型通过引入个别的、未观察到的影响因素 v_i 进入条件均值 μ_t，将泊松模型扩展可得到：

$$\ln(E(Y=y_t|X_t，\ v_t))=\beta_0+\beta_1x_{1t}+\beta_2x_{2t}+\cdots+\beta_mx_{mi}+\varepsilon_t \tag{5-3}$$

其中，$\varepsilon_t = \ln v_t$ 反映特定误差或者截面单元异方差，在负二项回归模型假设条件下方差可以大于均值。

（三）计量结果分析

我们选取 2002~2018 年作为时间序列样本，取纺织服装产品、贱金属制品、杂项制品、化学化工产品、塑料塑胶制品、纸及纸制品、机械电机设备、交通运输设备 8 个行业作为截面样本，取产业内贸易（IIT）、贸易压力（TP）、利益集团（IG）、报复能力（RE）和行业控制变量（CV）为解释变量，分别取美国（印度）第 t 年在 i 产业对中国提起贸易摩擦（涉案产品数量）的期望值 $E(AD_{it} = y_t | X_t)$ 和 $E(AD_{it} = y_t | X_t, v_t)$ 为被解释变量，运用泊松模型和负二项式模型进行回归，检验结果如表 5-1 所示。

表 5-1　主要国家对华贸易摩擦影响因素实证结果

变量	贸易摩擦涉案产品数量			
	中美		中印	
	泊松模型	负二项式模型	泊松模型	负二项式模型
IIT	−0.536*** (−1.86)	−0.509*** (−1.93)	−0.259*** (−1.92)	−0.312*** (−1.81)
TP	2.871* (3.64)	2.824* (4.03)	3.411* (5.64)	3.628* (5.03)
EMP	1.812* (5.65)	1.746* (5.36)	0.912 (1.71)	0.976 (1.32)
LnFDI	0.045 (0.24)	0.042 (0.32)	0.123 (0.68)	0.145 (0.76)
REA	−0.216* (−8.27)	−0.208* (−7.89)	−0.855* (−11.09)	−0.874* (−10.77)
CEX	−0.167** (−2.35)	−0.172** (−2.47)	—	—
BSM	1.677* (2.87)	1.672* (3.05)	2.458* (3.67)	2.192* (3.55)

续表

变量	贸易摩擦涉案产品数量			
	中美		中印	
	泊松模型	负二项式模型	泊松模型	负二项式模型
TXT	2.128 (1.38)	2.147 (1.47)	3.807 (1.66)	3.422 (1.72)
Adj-R^2	0.643	0.429	0.545	0.496
Obs	72	72	72	72

注：括号中的数值表示 Z 值，*、**、*** 分别表示该估计量在 1%、5%、10%的水平上显著，没有符号的表示在 10%的水平上不显著。

表 5-1 的回归结果显示，四个模型分别对期望的贸易摩擦涉案产品数量影响因素的回归都取得了较为理想的效果，模型的解释力度较高。泊松模型与负二项式模型的结果偏离不大，且前者的回归系数大多大于后者，模型的稳健性得到检验。在对美国（印度）对华贸易摩擦影响因素回归结果的解释中，我们以美国为例采用泊松模型的回归结果进行回归分析。

从产业内贸易来看，中美产业内贸易对美国对华贸易摩擦在 10%的显著水平下取得了负效应，与预期符号一致。样本行业在样本期间内产业内贸易指数上升 1%，期望的贸易摩擦涉案产品数量下降 0.53%，产业内贸易对后者影响更强。这一结论进一步论证了本书的统计结论，产业内贸易水平较高的产业中美贸易运行顺畅，贸易摩擦大多发生在产业内贸易水平较低的产业中。

从贸易压力看，美国从中国进口渗透压力对美国对华贸易摩擦的涉案产品数量在 1%的显著水平下取得了正效应，与预期符号一致。样本行业在样本期间内进口渗透压力增加 1%，期望的贸易摩擦涉案产品数量上升 2.87%，这一结论与沈国兵（2007）的结论一致，说明中国单一行业对美国出口的渗透压力增大是美国对华贸易摩擦数量增加的重要因素。

从利益集团来看，美国失业率对美国对华贸易摩擦在 1%的显著水平下都取得正效应，与预期符号一致，但美国对华 FDI 对美国对华贸易摩擦的回归结果不显著。失业率上升1%期望的贸易摩擦涉案产品数量下降1.82%，说明进口竞争部门和工会集团的政治游说也是贸易摩擦产生的重要原因。美国出口商和跨国公司的政治游说则对美国对华贸易摩擦的缓解作用不大，这可能与中国进口外贸政策对投资商较为宽松有关，因为国内招商政策越宽松，对外国投资商的约束越少，外国投资商对本国贸易政策进行游说的动力越小。

从贸易摩擦报复能力看，本年度中国对美国反倾销数量对美国对华贸易摩擦涉案产品数量在5%的显著水平上取得负效应，与预期符号一致，但对美国对华贸易摩擦涉案产品金额的回归结果不显著；美国对华出口占其总出口的比重对美国对华贸易摩擦在10%的水平显著的负效应，与预期符号一致，说明中国对美国的反倾销报复能在一定程度上减少美国对华贸易摩擦的涉案产品数量。

从行业控制变量来看，贱金属制品行业对美国对华贸易摩擦在5%的显著水平上取得正效应，与预期符号一致；纺织服装产品行业对美国对华贸易摩擦涉案产品金额在1%的水平上取得显著的负效应，但对美国对华贸易摩擦涉案产品金额的回归结果不显著。说明美国对华贸易摩擦涉案产品数量较多地分布在贱金属制品行业。

总体来看，模型从产业层面较好地解释了产业内贸易、贸易压力、利益集团和摩擦报复能力等对美国（印度）对华贸易摩擦的影响，并从实证的角度进一步验证了产业内贸易与美国（印度）对华贸易摩擦之间存在的负相关关系。

三、产业内贸易与贸易摩擦耦合的基本形态——以中美为例

通过对产业内贸易与美国对华贸易摩擦之间的关系进行统计分析和

实证检验，我们发现两者间存在内在的联系。因此，为了便于从产业内贸易理论的角度对不同类型美国对华贸易摩擦的形成动因和过程进行更具针对性的解析，本书依据双边产业内贸易水平的高低对美国对华贸易摩擦进行分类，将那些发生在产业内贸易水平较高行业（化学化工产品、塑料塑胶制品、纸及纸制品、机械电机设备以及交通运输设备）中的贸易摩擦划分为产业内贸易摩擦；相应地，将发生在产业内贸易水平较低行业（纺织服装产品、贱金属制品以及杂项制品）中的贸易摩擦划分为产业间贸易摩擦。

本书将美国对华贸易摩擦划分为产业内贸易摩擦和产业间贸易摩擦，进行如此划分的原因主要是两种类型贸易摩擦存在较大的特征差异。本节对两种类型的贸易摩擦特征进行解析，并探讨两者之间存在的差异。

（一）美国对华产业内贸易摩擦的特征

前文指出，产业内贸易摩擦发生在中美产业内贸易水平较高的行业，为进一步测度该领域中中美产业内贸易的性质，本书采用学术界常用的进出口产品的单位价值之比来计算中美产业内贸易是属于水平型产业内贸易还是属于垂直型产业内贸易。满足 $1-\alpha \leqslant XUV_{ij}/MUV_{ji} \leqslant 1+\alpha$ 的为水平型产业内贸易，满足 $XUV_{ij}/MUV_{ji} < 1-\alpha$ 或 $XUV_{ij}/MUV_{ji} > 1+\alpha$ 的为垂直型产业内贸易，其中 XUV_{ij} 和 MUV_{ji} 分别表示 j 产业中 i 产品的单位出口价值和单位进口价值，考虑到这两个价值及保运费计算出的离散因子，一般取值为 0.25。在一国贸易总量中，如果垂直产业内贸易占产业内贸易的比例高，则该国出口竞争力较低；如果水平产业内贸易占产业内贸易比例高，则该国出口竞争力较强。

从表 5-2 中可以看出，在中美产业内贸易水平较高的行业中，垂直产业内贸易是双边产业内贸易的主要形式，而且中国单位出口价值与单位进口价值之比大多处于较低水平。也就是说，我国出口的产品大多数是低技术含量、单价低、附加值低的“三低”产品，而大量进口的是高技术含量、高附加价值和高价格的“三高”产品。因此，美国对华产业

表 5-2　2002~2018 年美国对华产业内贸易摩擦代表性行业产业内贸易模式

HS代码	2002年		2006年		2010年		2014年		2018年	
	XUV/MUV	模式	XUV/MUV	模式	XUV/MUV	模式	XUV/MUV	模式	XUV/MUV	模式
29章	2.152	VIIT	2.379	VIIT	2.131	VIIT	1.902	VIIT	1.769	VIIT
39章	0.264	VIIT	0.232	VIIT	0.351	VIIT	0.263	VIIT	0.196	VIIT
48章	1.644	VIIT	1.503	VIIT	1.336	VIIT	1.211	HIIT	0.974	HIIT
84章	0.206	VIIT	—	—	—	—	—	—	—	—
85章	0.056	VIIT	—	—	—	—	—	—	—	—
87章	—	—	—	—	—	—	0.403	VIIT	0.512	VIIT
90章	0.448	VIIT	0.453	VIIT	0.419	VIIT	0.414	VIIT	0.421	VIIT

注："—"表示本章产业在该年的 IIT 值小于 0.5，属于产业间贸易。
资料来源：根据 UN COMTRADE 网站数据整理得出。

内贸易摩擦发生的行业领域大多是双边的垂直产业内贸易行业①，说明在该领域中国对美国出口产品竞争力相对较低，中国出口产品大多不具备比较优势和竞争优势，对美国同类产品的贸易竞争压力相对较小。

从产业内贸易摩擦的手段看，2002~2018 年在美国对华 71 项产业内贸易摩擦中有 67 项反倾销调查，美国在这一领域大量发起反倾销调查主要是因为反倾销措施的针对性较强但涉及的面不广，能有效震慑该行业对美国市场的出口行为但不足以引起中国强烈的贸易报复。

从产业内贸易摩擦的影响程度来看，美国对华产业内贸易摩擦涉案金额仅为 240 亿美元，其中最主要的反倾销手段每项涉案产品的平均涉案金额为 0.46 亿美元，中国该产品的出口和发展影响较小，但这其中也不乏反例，例如，中国输美轮胎特保案涉案产品金额就高达 17.88 亿美元，其影响已经从经济领域扩展的政治领域，对中美双边经贸关系的影响十分深远。

从产业内贸易摩擦的发生频率来看，产业内贸易摩擦最多的年份分

① 只有纸浆及纸制品（48 章）在个别年份为水平产业内贸易。

别是 2003 年（9 项）和 2007 年（7 项），其后摩擦逐渐减少，说明美国对华产业内贸易摩擦与双边政治经济关系密切，可能是因为在双边经贸关系紧张时产业内贸易摩擦的震慑效果大于实际效果，同时又不会引起强烈的贸易报复行为。可以预期的是，一旦全球经济再次探底，美国对华产业内贸易摩擦将激增。

（二）美国对华产业间贸易摩擦的特征

产业间贸易摩擦发生领域集中在中国对美国出口的劳动密集型行业产品。作为劳动力资源丰裕的国家，中国这些行业领域中的出口产品大多具有比较优势和价格竞争优势。另外，美国出于产业结构调整和升级的考虑，逐渐把一些劳动密集型的“夕阳产业”转移到包括中国在内的劳动力资源丰裕的国家，本国产品不再具有竞争优势，从而导致中国出口产品对美国市场冲击巨大。

从产业间贸易摩擦的手段来看，美国对华 57 项产业间贸易摩擦中有 22 项“特保”措施、17 项“双反”措施，美国在这一领域大量发起“特保”和“双反”的原因在于，“特保”措施保护门槛较低、保护范围更大，而反补贴调查针对的是出口国的政府行为，对该行业的打击面更宽，并且中国在这些行业中对美国的出口额巨大但进口额相对较小，不必担心本国该行业来自中国的贸易报复行为。

从产业间贸易摩擦的影响程度来看，2002~2018 年，美国对华产业间贸易摩擦涉案金额达到 510 亿美元，其中，贱金属制品行业高达 120 亿美元，美国针对中国这些行业发起的“特保”、“双反”措施对中国该产品的出口和发展造成巨大影响，一旦立案调查成立，这些出口产品就不得不承受高额税率甚至退出美国市场，值得注意的是，美国对华的“双反”措施有可能会引起其他国家的回应反倾销，造成连锁反应，使中国企业出口面临着雪上加霜的局面。

从产业间贸易摩擦的发生频率来看，产业间贸易摩擦最多的年份分别是 2005 年（18 项）和 2009 年（13 项），但可以预期的是，随着对华特别保障措施期限临近结束，产业间贸易摩擦将越来越多地通过“双反”措施实现，国内相关行业和企业出口和发展将面临更为严峻的考验。

四、产业内贸易摩擦与产业间贸易摩擦的差异对比

为了进一步解析美国对华产业内贸易摩擦和产业间贸易摩擦，必须找出两者之间存在的差异。通过对两者特征进行比较，我们发现以下差异：

第一，两种类型贸易摩擦发生的产业领域中，中国出口产品的比较优势和竞争优势存在较大差异。产业内贸易摩擦发生领域中中国对美国出口产品大多不具备比较优势和竞争优势，贸易压力相对较小；而产业间贸易摩擦发生领域中中国出口产品大多具有比较优势和竞争优势，贸易压力较大。造成这种差异的原因在于中美产业结构发展的不平衡，在产业内贸易摩擦发生领域，由于两国消费者对产品多样性的偏好以及生产的规模经济性，双边进出口贸易额都相对较大；但在产业间贸易摩擦发生领域，美国出于产业结构调整和升级的考虑逐渐把一些劳动密集型的“夕阳产业”转移到包括中国在内的劳动力资源丰裕的国家，从而导致中国出口产品对美国市场冲击巨大。

第二，两种类型美国对华贸易摩擦所采用的主要手段存在差异。其中，产业内贸易摩擦所采用的手段主要是反倾销，而产业间贸易摩擦则是以“双反”和“特保”措施为主。美国在产业间贸易摩擦领域大量发起反倾销调查主要是因为反倾销措施的针对性较强但涉及的面不广，能有效震慑该行业对美国市场的出口行为但不足以引起中国强烈的贸易报复；而在产业间贸易领域大量发起“特保”和“双反”的原因在于，“特保”措施保护门槛较低、保护范围更大，而反补贴调查针对的是出口国的政府行为，对该行业的打击面更宽，并且中国在这些行业中对美国

的出口额巨大但进口额相对较小，不必担心本国该行业来自中国的贸易报复行为。

第三，产业间贸易摩擦对涉案行业出口和发展的影响远甚于产业内贸易摩擦。美国针对中国产业间贸易摩擦行业发起的“特保”、“双反”措施对中国该产品的出口和发展造成巨大影响，一旦立案调查成立，这些出口产品就不得不承受高额税率甚至退出美国市场。更值得注意的是，美国对华的“双反”措施有可能会引起其他国家的回应反倾销，造成连锁反应，使中国企业出口面临着雪上加霜的局面。而美国对华产业内贸易摩擦涉案金额较小，其中，最主要的反倾销手段每项涉案产品的平均涉案金额为 0.46 亿美元，对中国该行业产品的出口和发展影响较小，但这其中也不乏特例，例如，中国输美轮胎特保案涉案产品金额达到 17.88 亿美元，其影响已经从经济领域扩展到政治领域，对中美双边经贸关系的影响及其深远。

第四，从发展趋势看，美国对华产业内贸易摩擦同样具有两个阶段性的特征，产业间贸易摩擦的发展趋势则不明朗。美国对华产业内贸易摩擦与双边政治经济关系密切，这可能是因为在双边经贸关系紧张时产业内贸易摩擦的震慑效果大于实际效果，同时不会引起强烈的贸易报复行为，可以预期的是，一旦全球经济再次探底，美国对华产业内贸易摩擦将激增。产业间贸易摩擦最多的年份分别是 2005 年（18 项）和 2009 年（13 项），但可以预期的是，随着对华特别保障措施期限临近结束，产业间贸易摩擦将越来越多地通过“双反”措施实现，国内相关行业和企业出口和发展将面临更为严峻的考验。

五、本章小结

本章通过对中美产业内贸易与贸易摩擦的产业分布状况进行统计分

析，发现美国对华贸易摩擦大都发生在产业内贸易发展水平较低的产业中，而在产业内贸易发展水平较高的产业中，中美贸易则进行得较为顺畅，中美产业内贸易和贸易摩擦的产业分布之间呈反向分布的特征，中日产业内贸易发展水平与贸易摩擦行业分布之间的关系也在一定程度上印证了这一特征存在的普适性。运用平衡面板数据的泊松计数模型对美国对华贸易摩擦产业层面的影响因素进行实证分析，并利用负二项回归模型进行稳健性检验，实证结果显示，产业内贸易对美国对华贸易摩擦存在负向影响，这也进一步验证了两者之间存在的关系。

本书将发生在产业内贸易水平较高行业（化学化工产品、塑料塑胶制品、纸及纸制品、机械电机设备以及交通运输设备）中的贸易摩擦划分为产业内贸易摩擦；相应地，将发生在产业内贸易水平较低行业（纺织服装产品、贱金属制品以及杂项制品）中的贸易摩擦划分为产业间贸易摩擦。

进行如此划分的原因是，两种类型贸易摩擦的特征存在较大差异，这些差异主要体现在中国对美国出口产品的比较优势和竞争优势、摩擦所采用的手段、摩擦对中国行业发展的影响以及摩擦的发展趋势。更为重要的是，两种类型贸易摩擦形成动因以及贸易摩擦的决策过程存在较大差别，对两者分类进行研究有益于中国涉案企业和行业组织在贸易摩擦发生时依据摩擦形成的动因和过程对症下药，采取更为积极合理的应对策略。

第六章

产业内贸易摩擦的贸易效应

仅从贸易摩擦涉案行业产品数量的视角来分析外国对华贸易摩擦的影响是有失偏颇的，因为该数量的多少尚无法反映涉案行业实际遭受的贸易影响。考虑到每起外国对华贸易摩擦涉案产品的贸易金额差异较大，因而需要进一步探究外国对华贸易摩擦涉案行业产品贸易流量的影响。

从单个案件的涉案金额角度来看，大多数涉案产品出口金额从数百到数千万美元不等，以美国对华反倾销为例，涉案金额超过 1 亿美元仅为 20%，似乎对中国涉案产品对美出口的影响有限。但我们同时应该注意到，大多数“双反”调查案件单个涉案产品金额超过 1 亿美元，个别涉案产品金额甚至超过 30 亿美元，而且所有案件平均涉案金额超过 3 亿美元，对于特定涉案行业或企业影响深远。此外，外国对华贸易摩擦对中国出口产生的贸易抑制效应并不是孤立的，可能导致其他国家限制中国同类产品进口的连锁效应（Bown and Crowley，2007），甚至会造成更大范围的“冻结效应”（Chilling Effect）（Vandenbussche Zanardi，2006），以 2012 年欧盟对华光伏产品反倾销为例，美国、南非、印度等国在欧盟之后不断发起对中国出口的光伏产品发起反倾销调查，涉案总金额超过 200 亿美元，由此对中国光伏行业造成了毁灭性打击。

一、贸易摩擦经济效应的文献综述

从现有国际贸易理论来看，贸易摩擦对出口国所带来的经济影响存在于贸易限制效应、贸易转移效应及其对公共利益的影响等诸多方面。贸易限制效应和贸易转移效应直接影响反倾销政策的有效性。因此，它引起了广泛的关注。从实证研究的角度来看，学者们对贸易摩擦经济效应的分析主要聚焦对反倾销案例的研究。

（一）外国学者对贸易摩擦经济效应的实证研究综述

Wolak（1994）对反倾销的贸易效应进行了实证研究，并根据 1980~1985 年美国反倾销案件的 SIC 分类进行了统计分析。他们发现了显著的“骚扰效应”（调查效应）和进口分流效应，即在美国反倾销调查显著减少了从上述国家的进口。与此同时，他们也导致了类似产品从未指定国家的进口增加。然而，由于他们在请愿书提交后仅收集了一年的数据，长期影响被忽略了。克虏伯和波拉德（1996）利用 1976~1988 年美国化工品及其相关产品工业（TSUSA）进口数据的月度具体产品数据，研究了反倾销行动的影响。他们的相似结果表明，在大约一半的案例中，反倾销调查本身和肯定性裁决减少了来自指定国的进口，但增加了来自非制定国的进口。但是，他们没有处理转移的一般问题，因为他们只使用单一工业的分类数据。

Prusa（1996）还利用 1978~1993 年的时间序列数据控制了汇总问题，其中包括 109 个驳回案件和 126 个征收关税的案件。他研究了被指定国家的进口、未被指定国家的进口以及请愿书提交后 5 年内的总体进口的贸易影响。他发现了调查效应、贸易限制效应和贸易转移效应的证据。Prusa（2001）在前期研究的基础上，将结案数据加入自己的数据集中，比较贸易的影响在三个不同的类别，发现无论是已了结的案件还是最终导致关税的案件，在实施保护措施的前3年里，从指定国家进口的货物价值下降了50%~70%，而且，即使该案件被驳回，进口货物价值也下降了15%~20%。

Krupp和Skeath（2002）对美国1978~1992年13个行业的进口反倾销研究显示，反倾销税增加1%将导致被诉国涉案产品的进口数量下降0.67%、市场份额下降0.82%，但却导致非被诉国产品的进口数量上升0.75%、市场份额上升0.55%，而且被诉国的市场份额基本上转移给了非被诉国，而美国国内厂商在市场份额上并未受益。Soonchan Park（2009）发现，反倾销保护具有显著的贸易抑制和贸易转移效应。这些发现与以前在美国和欧盟关于反倾销行动的研究是一致的。贸易转移效应的存在表明，从指定国家进口的减少在很大程度上被来自非具名国家的进口减少所抵消，因此，进口的好处与国内产业竞争的可能比预期的要小。Bown和Crowley（2007）通过对不同阶段与不同结果的“双反”调查进行分析，发现“双反”调查对一国存在贸易限制效应与贸易转移效应。贸易限制效应体现在出口到调查发起国的数量会有所减少。贸易转移效应体现在实施“双反”政策导致其他国家的产品出口到调查发起国更为容易，因此出口量会有一个上升的趋势。

然而，Brenton（2001）对欧盟1989~1994年的98个案例进行了类似的最小二乘回归。他还发现了显著的贸易限制效应和贸易转移效应。然而，Lasagni（2000），Konings、Vandenbussche和Springael（2001）利用不同时期的欧盟反倾销案件数据，没有发现任何显著的贸易转移效应。

（二）国内学者对贸易摩擦经济效应的实证研究综述

近年来，中国出口产品遭遇了来自全球1/4总量的贸易摩擦调查和肯定性措施，国内学者对国内出口产品遭遇贸易救济措施所产生的贸易效应进行了大量的实证研究。相比于国外的学者，国内学者从中国面临的“双反”数量、强度以及贸易效应三方面进行了分析。

在中国面临的“双反”数量研究方面，周文祥等（2013）认为，美国对其他国家实施的“双反”措施中，中国是遭遇调查数量最多的国家，其中有许多调查是美国独自向中国商品发起的，中国遭遇到的“双反”调查占美国对其他国家发起的“双反”很大的比例。廖秀健（2012）认为，中国已成为美国“双反”调查最多的国家，且美国对华“双反”强度在不停加大，既体现在对华“双反”立案和“双反”调查措施数目的快速增加，并且还体现在对华“双反”调查的严厉程度超过对其他国家，以及美国对华实施“双反”调查的行业的相对比较单一。

对“双反”强度研究方面，孔嘉文（2013）通过收集反倾销立案与制裁数量、反倾销强度、裁决结果、反倾销税率和产品类型的最新数据，分析数据特征以描述美国对华反倾销的现状，指出美国对华反倾销数量大、力度强、税率高、指控和制裁的产品主要集中于劳动密集型和资本密集型的特点。杨红强、聂影（2007）认为，中国是被“双反”调查和采取最终措施的最大国。比较“双反”强度指数可以知道，中国出口到美国市场的商品数量已经严重受到影响。但美国在世界出口市场份额则较少受到他国“双反”的影响。赵柳溪（2013）整理了其他学者对美国对中国“双反”的相关文献和美国决定进行“双反”的依据，全面剖析了美国对中国“双反”的现状，从中可以看到，在中国与美国经贸关系日益密切的同时贸易摩擦也变得越来越频繁，美国对中国“双反”的特征也发生了些许变化，表现出调查更为频繁，数量逐年增多，“双反”力度不断加强，涉及行业不断增多等。

还有部分学者从贸易效应方面进行分析。苏振东等（2010）等通过更深层次的对“双反”调查的不同结果和阶段进行分析发现，“双反”调查对一国贸易确实存在贸易限制效应，即对一国的“双反”调查会直接致使该国相关产品进口数量的减少，同时也存在贸易转移效应，即使得其他国家的相关产品出口增加。

沈国兵（2008）以木质卧室家具为例，证明了美国对华反倾销产生了显著的贸易限制效应。冯宗宪和向洪金（2010）使用欧盟和美国对华纺织品反倾销案件进行分析，也证实了上述效应的存在。沈国兵（2010）考察了美国对华反倾销的现实格局和贸易效应，发现美国对华反倾销对美中贸易产生了显著的破坏效应。

目前，印度已成为发起反倾销诉讼最多的国家，因而考察印度对华反倾销效应的文献逐渐增多。刘重力和邵敏（2009）的分析结果表明，印度对华反倾销的贸易转移效应存在着产品差异，中国具有较强比较优势的涉案产品的出口额受印度对华反倾销的影响较小，而杨仕辉等（2012）分析表明，印度反倾销主要打击的是中国具有强大比较优势的产品，反倾销措施的贸易破坏效应和贸易转移效应随时间推移而逐渐减弱。Vandenbussche 和 Viegelahn（2013）使用月度数据的分析表明，全球金融危机之后，印度对华反倾销的产品覆盖面广，对中国产品向印度出口具有严重的抑制作用。

二、产业内贸易摩擦贸易效应统计分析

为了检验产业内贸易摩擦案件的贸易效应，本书收集了发起贸易摩擦影响最大的美国对华发起的贸易救济调查案件的信息。由于对国内文献反倾销贸易效应的实证研究相对较多，本章选择美国对华“双反”调查相关案件，构建每个案件的时间序列贸易数据。数据集将作出案件初步裁决的年份定为基准年 t，收集 2006~2016 年美国针对中国的所有初步裁定的“双反”案件涉案产品从初裁前 2 年至初裁后 3 年该产品的贸易量。作为对比，数据集还收集了作为涉案行业主要竞品出口国对该国的出口量。“双反”调查的数据包括有关产品的信息、每个案件涉及的国家、每个调查程序的日期，以及包括措施结构细节在内的结果。

为了构建时间序列贸易数据，我们获取了 11 年来每一次“双反”（反倾销）调查涉案产品的 HS6 位码。涉及“双反”（反倾销案）的产品

时间序列为 2005~2018 年。为研究初步倾销决定后 3 年内的贸易影响，我们需要每个案件 5 年的贸易数据。在美国对华“双反”的 56 起案件（其中产业内贸易摩擦案件 26 起，产业间贸易摩擦案例 30 起）中涉及 59 个产品的贸易数据，初裁后有 6 起案件得到否定性初裁，50 起案件（53 个产品）实施肯定性终裁，即同时征收反倾销税和反补贴税。

（一）数据来源及数据库描述

考虑到一些贸易摩擦案件的贸易额达数亿美元，而另一些案件的贸易额只有数百万美元甚至更少，贸易救济案件的多样性使问题复杂化。所有变量的百分比变化相对于它们的价值基础年（初裁年份），代表着对作出初裁与它们在 t-2 年度价值变化的百分比进行了比较，目的是找出反倾销调查的贸易效应，因为调查总是发生在做出初步倾销决定之前的一年。

反倾销的贸易效应包括调查效应、贸易限制效应和贸易转移效应。如“双反”调查和措施对目标国的贸易产生了重大的限制性影响，贸易救济行动变得有效。但是，如果确定了贸易转移效应，反倾销的效果会减弱，因为从非指定国家进口的增加抵消了从指定国家进口的减少。由于国内产品市场份额变化的方向取决于从指定（目标）国家和非指定（非目标）国家的进口总量，因此总体效果是不确定的。

从理论分析来看，产业间贸易摩擦对贸易限制和贸易转移的影响可能比产业内贸易摩擦更大。贸易救济措施的实施会恶化贸易条件，给进口国带来福利损失。反倾销税是内生的，因为它的适用取决于出口企业的价格。即使只存在征收反倾销税的威胁，出口企业也会有提高价格的动机，如果真的征收反倾销税，它们还会进一步提高价格。

在数据收集过程中，我们将所有案件分为两类，产业内贸易摩擦案件和产业间贸易摩擦案件。考虑到个别行业贸易数据的巨大波动严重影响平均的有效性，为了避免干扰，看看整体的趋势很明显，我们删除了与基准年（t_0 年、t_{-1} 年）数量的波动幅度超过 200%的描述性统计分析。

由于不同案件计算出来的结果差别较大，因此本章采用加权算术平均值的形式计算最终的结果，由于不同年份的涉案事件的波动程度可能比较大，为了使结果更具有合理性，呈现结果去掉了算术平均值最高的一个案件与平均值最低的一个案件。

（二）贸易限制效应

图 6-1 及图 6-2 显示的是美国在做出“双反”初步裁决前 2 年和后 3 年内，从中国进口涉案产品的数量及价值变动情况。从图中不难发现，“双反”措施的实施对进口数量和进口价值都有直接的影响。与基准年 t_0 相比，从中国进口在随后的 t+2 年显著下降，进口数量和价值分别比基准年 t_0 减少了 35%和 30%。然而，贸易限制的影响是相对短暂的，贸易数量和贸易价值分别在 t+3 年后开始逐渐上升。

特别地，正如预期的那样，贸易摩擦类型在“双反”案件的限制程度方面起着关键作用。通过比较产业内贸易摩擦和产业间贸易摩擦对进口产品数量及进口价值的影响，我们发现“双反”调查之后的两年，产业内贸易摩擦对贸易数量和贸易价值的限制作用是产业内贸易摩擦的接近 2 倍，尽管从调查后的第 3 年起，两种类型的贸易摩擦都在逐渐恢复增长。

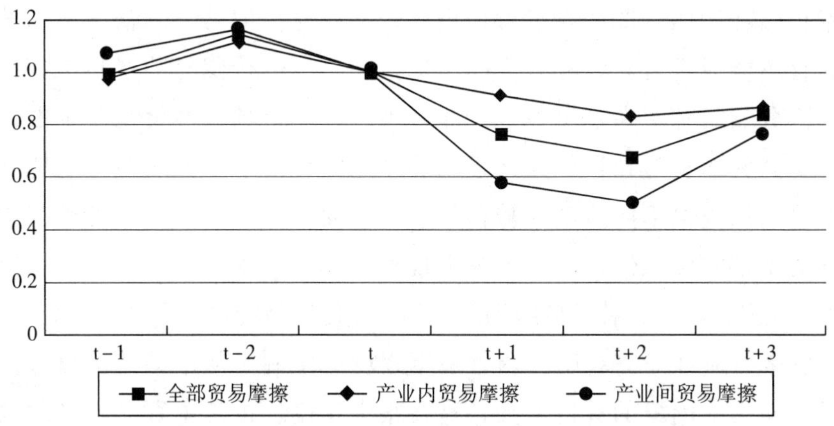

图 6-1　涉案产品初裁前后美国从中国进口金额变化

资料来源：根据 UN COMTRADE 网站数据整理得出，统计口径为美国进口数据。

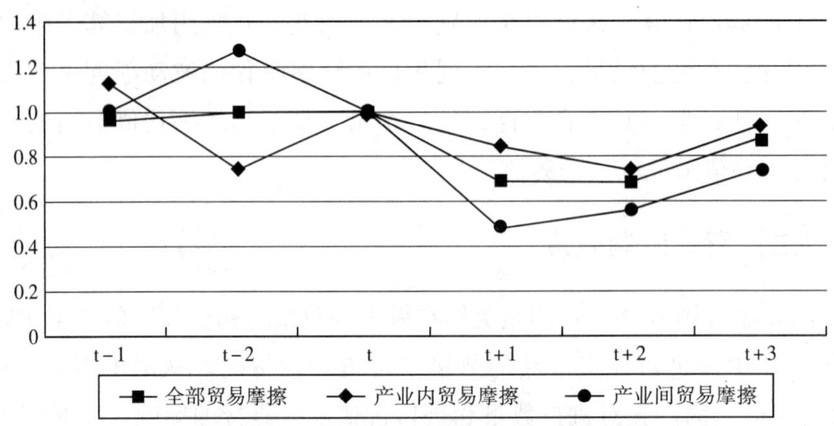

图 6-2 涉案产品初裁前后美国从中国进口的数量变化

资料来源：根据 UN COMTRADE 网站数据整理得出，统计口径为美国进口数据。

（三）贸易转移效应

实际上，“双反”调查对于贸易出口国与贸易进口国都存在贸易转移效应，在出口需求弹性不大的条件下，出口需求会向未提起“双反”调查的国家转移的可能。以美国对中国铜版纸“双反”调查为例，2006 年美国对华的铜版纸发起的反补贴与反倾销调查之后，中国对世界铜版纸的出口金额依旧维持在较高的水平。也就是说，尽管美国对中国铜版纸进行了反倾销与反补贴的调查，但中国铜版纸出口到其他国家和地区的数量仍然在增加，即产生了贸易出口转移效应。但是，国与国之间的贸易转移不能说是贸易转移效应的全部。在可以进行贸易的产品中，有很大一部分商品都存在着可替代产品。因为世界市场的容量是一定的，当国与国之间的贸易转移处于几乎饱和状态时，对于各方来说，可能会产生贸易向同类但不同质产品转移的可能。而当一种产品已经处于其生命周期的末端时，倾销行为会因为大规模的标准化生产而产生，其结果是用更高级别的产品代替较低级别的产品，使得贸易转移到更高级的产品上。

虽然美国对华“双反”调查一定程度上限制了从中国的进口，但也会导致从其他国家的进口增加，这在很大程度上抵消了贸易救济对国内产业的影响。Prusa（1996）研究发现，非指定国家从针对指定国家的反倾销行动中受益，扩大了对申请国的出口，增加了其在细分市场的份额。在 t+1 期开始征收关税时，从其他国家进口的货物数量和价值均大幅增加。如图 6-3、图 6-4 所示。

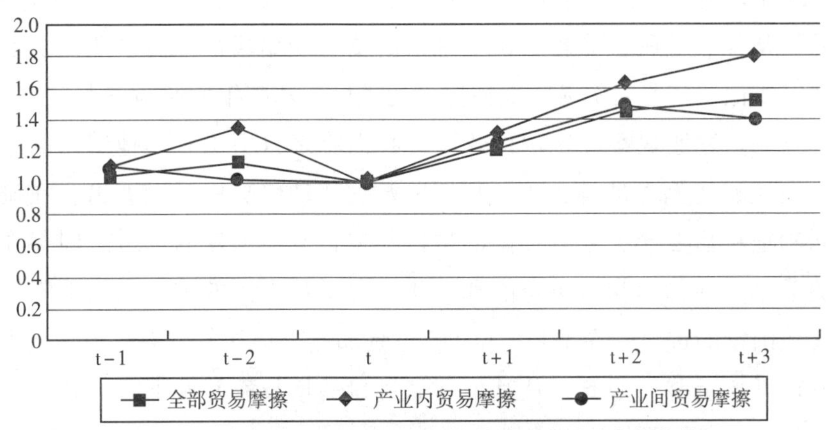

图 6-3 涉案产品初裁前后美国从其他国家进口金额变化

资料来源：根据 UN COMTRADE 网站数据整理得出，统计口径为美国进口数据。

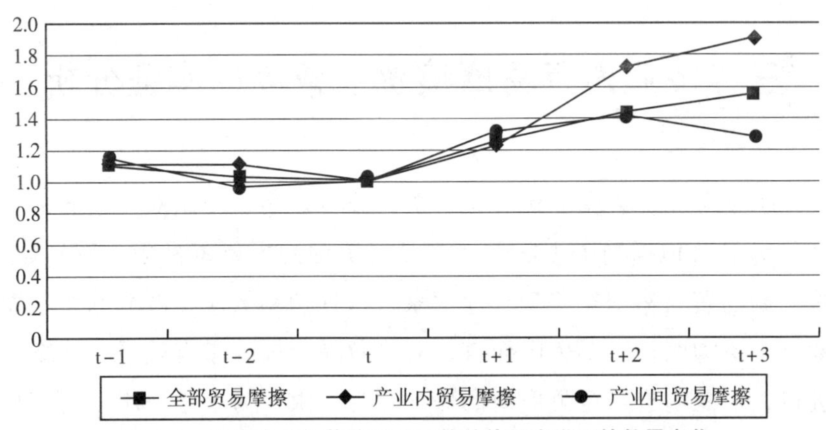

图 6-4 涉案产品初裁前后美国从其他国家进口的数量变化

资料来源：根据 UN COMTRADE 网站数据整理得出，统计口径为美国进口数据。

从其他国家进口价值的总体增长趋势一直持续到 t-2 年。之后，进口价值的平均值趋于平缓。这与中国进口的变化是相反的，与贸易转移效应理论是一致的。随着时间的推移，对从中国进口的限制逐渐减弱。在第 t+3 年，从中国进口的价值反弹，并超过了初步决定做出的那一年的水平，随后出现了微弱的贸易转移效应。其他国家的市场份额不再受到来自中国的进口减少的影响，变得稳定甚至下降。

同样，贸易转移效应甚至在开征关税之前就已经出现了。从基准年 t_0 开始，从征收关税的非指定国家进口的货物开始增加。与产业内贸易摩擦情况相比，产业间贸易摩擦情况下的进口在基准年的增幅更大。

为了更好地观察贸易转移效应，我们将来自中国和其他国家的进口货物在征税案例中进行比较。从这些数据变动趋势中可以看出，在调查期间和征税后 2 年，来自中国的进口与来自其他国家的进口之间存在负相关关系。在做出初步决定的那一年，美国从中国的进口大幅下降，而从其他国家的进口却在增长。t+2 年也是如此。但从 t+3 年开始，从中国的进口开始反弹。因此，从其他国家进口的增长率开始下降，贸易转移效应消失，贸易限制效应减弱。

三、产业内贸易摩擦贸易效应的实证分析

对产业内贸易摩擦贸易效应的统计分析表明，美国对华发起的贸易摩擦较为显著地抑制了中国涉案产品对美国的出口贸易额与贸易数量，而被抑制的贸易额则转移到其他国家，这种抑制效应在产业间贸易摩擦的案例中更为明显。对美国而言，对华贸易摩擦并未有效减少涉案产品的进口，对国内进口竞争厂商的保护较为有限。为了进一步分析解析两种不同类型对华贸易摩擦的贸易效应，本章试图建立计量模型来探究贸易摩擦对出口贸易额和出口贸易量的影响。

（一）模型设计及变量说明

基于 Prusa（1996）以及 Minsoo Lee（2013）两篇论文中的实证模型，

依据本章的研究目的，构建以下两个动态面板数据回归模型：

$$Lnq_{i,t_j}=\alpha+\beta_0 Lnq_{i,t_{j-1}}+\beta_1 Lntinh_i+\beta_2 num_i+\beta_3 Lnduty_i+\beta_4 t_j+\beta_5 ImPerc_{i,t_j}+\beta_6 ExPerc_{i,t_j},\ j=0,1,2,3 \tag{6-1}$$

$$Lnv_{i,t_j}=\alpha+\beta_0 Lnv_{i,t_{j-1}}+\beta_1 Lntinh_i+\beta_2 num_i+\beta_3 Lnduty_i+\beta_4 t_j+\beta_5 ImPerc_{i,t_j}+\beta_6 ExPerc_{i,t_j},\ j=0,1,2,3 \tag{6-2}$$

其中，被解释变量 q_{i,t_j} 和 v_{i,t_j} 分别表示美国对华“双反”案例中产品 i 在 t_j 时刻的进口数量和进口价值（涉案产品 i 的进口数据以 HS6 位码为统计口径，并作为本章面板数据集的横截面），其中 t_0 对应于做出初裁决定的基准年，t_1 到 t_3 表示初裁之后的年份。

解释变量 $v_{i,t_{j-1}}$ 和 $q_{i,t_{j-1}}$ 分别表示美国对华“双反”案例中产品 i 在前一年的进口数量和进口价值。由于国际贸易中订单存在路径依赖，因此前一年的贸易量对后一年的贸易量存在强烈影响，预期该变量的符号为正。

解释变量 tinh（trade inhibition effect）作为贸易抑制效应的代理变量，以该年度进口数量（进口金额）相对于初裁决定基准年的变动比例。依据前文的理论分析和统计分析结论，预期该变量符号为负。

解释变量 num 表示美国对华产品 i 发起的“双反”调查是否同时发起对其他国家的同类产品的贸易救济调查。该变量为虚拟变量（当美国对除中国外的其他国家同类产品发起贸易救济调查时该变量定义为 1，否则为 0）。Minsoo Lee（2013）指出，被指定的国家数量可能会对贸易转移效应的强弱产生影响。预期该变量的符号为负。

解释变量 duty 表示美国对华“双反”调查的初裁结果。该变量也是一个虚拟变量（当初裁结果为否定性初裁时该变量定义为 1，否则为 0）。否定性初裁对进口数量和进口价值的影响相较于肯定性初裁更小，贸易抑制效应也就更小，预期该变量符号为负。

解释变量 ImPerc 表示中国出口在美国产品 i 的市场份额。市场份额可以用从中国进口到美国的产品 i 的数量（价值）除以从世界进口到美国的数量（价值）来计算。解释变量 ExPerc 代表美国市场对中国出口的重要性，由中国向美国出口产品 i 的数量（价值）除以中国向世界出口产品 i 的总量（价值）来计算。中国在美国市场的份额越大，美国对中国进口的依赖程度越高。即使有反倾销税（反补贴税）和更高的价格，从中国的进口可能也不会大幅下降。对于市场份额较大的产品，"双反"措施的效果较弱。同样，如果美国是中国的主要贸易伙伴之一，中国的出口商可能无法在短期内从美国市场转向其他国家的市场。因此，美国市场对中国出口的重要性越大，反倾销措施的效果越弱。

（二）实证检验结果及分析

实证模型案例集同上一节保持一致，选取 2006~2016 年美国 56 起对华"双反"案件（其中产业内贸易摩擦案件 26 起，产业间贸易摩擦案例 30 起）中涉及 59 个产品的贸易数据。为了解决产业数据所带来的内生性问题，并确保动态模型中的随机干扰项不存在序列相关性，我们使用目前应用越来越广的 GMM 计量方法。对于动态面板数据模型，一般采用差分广义矩（DIP-GMM）估计和系统广义矩（SYS-GMM）估计两种方法。Blundell 和 Bond 的理论证明及仿真实验均说明了 SYS-GMM 比 DIP-GMM 有更好的有限样本性质，并极大地减小了一阶差分广义矩估计量的偏误（谭本艳，2008）。因此，本书的模型采用 SYS-GMM 方法进行估计，回归结果如表 6-1 和表 6-2 所示。

表 6-1 美国对华"双反"调查对涉案产品进口数量影响的 SYS-GMM 估计

解释变量	从中国进口涉案产品数量			从其他国家进口涉案产品数量		
	（1）	（2）	（3）	（4）	（5）	（6）
$Lnq_{i,t_{j-1}}$	0.912*** (4.728)	0.874*** (3.786)	0.956*** (4.563)	1.025*** (4.469)	1.113*** (3.956)	1.032*** (8.002)
lntinh	-0.141* (2.018)	-0.147* (1.936)	-0.133* (2.007)	0.141*** (5.239)	0.166*** (5.434)	0.112*** (5.376)
lnnum	-0.003 (0.876)	-0.021 (0.365)	-0.004 (0.794)	-0.003 (0.438)	-0.002 (0.544)	-0.002 (0.432)
LnDuty	-0.131** (2.564)	-0.083* (1.908)	-0.112 (1.612)	0.017 (0.768)	0.015 (0.231)	0.016 (0.017)

续表

解释变量	从中国进口涉案产品数量			从其他国家进口涉案产品数量		
	（1）	（2）	（3）	（4）	（5）	（6）
t_1	-0.202 (1.156)	-0.288* (1.931)	-0.113 (-1.023)	0.123*** (3.343)	0.136*** (3.428)	0.115*** (4.045)
t_2	0.109 (1.143)	0.0522 (1.653)	0.088* (1.952)	0.058 (1.047)	0.073 (1.048)	0.046 (1.048)
t_3	0.317** (2.252)	0.326** (2.328)	0.296* (2.738)	0.032 (0.534)	0.043 (0.543)	0.028 (0.618)
ImPerc	1.776*** (2.037)	0.159* (1.946)	0.159* (1.963)	-0.043 (0.693)	-0.052 (0.628)	-0.072 (0.733)
ExPerc	0.185*** (4.633)	0.185*** (3.872)	0.185*** (3.672)	0.159* (1.963)	0.176* (1.845)	0.144* (1.898)
C	2.253*** (4.567)	1.804*** (7.519)	2.419*** (6.205)	1.024 (0.198)	1.032 (0.186)	1.027 (0.186)
AR（2）检验	-0.444 (0.66)	-1.235 (0.22)	-0.110 (0.91)	-0.457 (0.68)	-1.423 (0.56)	-1.112 (0.82)
Sargan 检验	23.773 (1.00)	3.707 (1.00)	6.232 (1.00)	10.773 (1.00)	4.028 (1.00)	7.634 (1.00)

注：①各变量的回归系数后面的括号内数值为 t 值；AR（2）统计值、Sargan 检验值后面的括号内数值为相应的 P 值；*、**、*** 分别表示该估计量在 1%、5%、10%的水平上显著。②模型（1）模型（4）选用全部贸易摩擦涉案产品为样本；模型（2）模型（5）选用 30 个产业间贸易摩擦涉案产品为样本；模型（3）模型（6）选用 26 个产业内贸易摩擦涉案产品为样本。

表 6-2　美国对华“双反”调查对涉案产品进口价值影响的 SYS-GMM 估计

解释变量	从中国进口涉案产品价值			从其他国家进口涉案产品价值		
	（7）	（8）	（9）	（10）	（11）	（12）
$LnV_{i,t_{j-1}}$	0.879*** (4.023)	0.826*** (4.728)	0.921*** (9.939)	1.122*** (8.326)	1.187*** (5.943)	1.045*** (8.365)
lntinh	-0.091*** (3.924)	-0.102*** (4.856)	-0.087*** (5.024)	0.018*** (4.045)	0.017*** (4.613)	0.022*** (5.988)
lnnum	-0.018 (1.212)	-0.014 (1.336)	-0.021 (0.877)	0.003 (1.332)	0.003 (0.878)	0.003 (0.942)
LnDuty	-0.134** (2.228)	-0.150** (2.323)	-0.128** (2.544)	0.028* (1.962)	0.033* (1.989)	0.025* (2.064)

续表

解释变量	从中国进口涉案产品价值			从其他国家进口涉案产品价值		
	(7)	(8)	(9)	(10)	(11)	(12)
t_1	−0.206 (1.458)	−0.212 (1.333)	−0.245 (1.158)	0.108*** (5.391)	0.195*** (4.454)	0.092*** (7.028)
t_2	0.248*** (7.112)	0.247*** (8.088)	0.254*** (9.121)	0.081*** (4.344)	0.091*** (4.125)	0.083*** (4.459)
t_3	0.405*** (10.12)	0.375*** (12.46)	0.427*** (15.38)	0.012 (1.333)	0.012 (1.394)	0.013 (0.882)
ImPerc	1.838*** (6.415)	1.856*** (7.324)	1.905*** (6.782)	−0.018 (0.659)	−0.022 (0.782)	−0.019 (0.891)
ExPerc	0.256** (2.214)	0.289** (2.325)	0.272** (2.451)	0.014 (0.238)	0.015 (0.106)	0.018 (0.346)
C	2.045*** (7.781)	1.972*** (5.598)	2.132*** (5.535)	−0.089 (1.202)	−0.091 (1.082)	−0.093 (0.872)
AR（2）检验	−0.04 (0.967)	0.906 (0.365)	−0.043 (0.965)	−0.698 (0.485)	−0.728 (0.626)	−0.678 (0.725)
Sargan 检验	26.05 (1.00)	6.924 (1.00)	9.534 (1.00)	12.65 (1.00)	7.353 (1.00)	9.622 (1.00)

注：①各变量的回归系数后面的括号内数值为 t 值；AR（2）统计值、Sargan 检验值后面的括号内数值为相应的 P 值；*、**、*** 分别表示该估计量在 1%、5%、10%的水平上显著。②模型（7）模型（10）选用全部贸易摩擦涉案产品为样本；模型（8）模型（11）选用 30 个产业间贸易摩擦涉案产品为样本；模型（9）模型（12）选用 26 个产业内贸易摩擦涉案产品为样本。

表 6-1 和表 6-2 中的 AR（2）统计值表明，模型中均不存在二阶自相关，Sargan 检验结果表明所有模型均通过检验。

1. “双反”调查对美国进口中国涉案产品的贸易效应

“双反”调查对美国进口中国涉案产品数量和产品价值对中国进口产品的影响如表 6-1 和表 6-2 回归模型第（1）项和第（7）项所示。

第一，系统广义矩估计结果表明，尽管美国对华发起“双反”调查，美国市场对中国涉案产品的进口贸易仍具有强烈的路径依赖特征，当年度进口规模与进口价值与上一年度进口存在正相关关系高且统计显著。同时，进口数量和进口价值相对于基准年的变化率的系数为负且显著，说明对华“双反”调查具有明显的贸易抑制效应。此外，通过对比产业间贸易摩擦和产业内贸易摩擦的贸易抑制（回归模型（2）和回归模型（3）以及回归模型（7）和回归模型（8））的贸易效应，我们发现与上一节的统计结论一致，产业间贸易摩擦相比产业内贸易摩擦对中国涉案产品出口的抑制更大。

第二，反倾销税对进口产品的数量和价值都有显著的限制作用。在所有回归模型中，$Lnduty_i$ 的系数都是负的，在回归模型（1）和回归模型（7）中，系数在5%时统计上显著。然而，贸易限制效应只出现在初步决策后的第一年，即 t_1 年，然后在 t_2 年后消失。在三个时间控制变量值中，只有 t_1 的偏回归系数为负，而在第二年之后，从中国的进口大幅反弹。显然，“双反”调查对美国进口中国涉案产品的贸易影响是相当短暂的。

第三，中国在美国市场的市场份额和美国作为贸易伙伴的重要性将显著影响对中国实施的反倾销措施的效率。ImPerc 和 ExPerc 两个系数为正且显著，反映了中国在美国市场的份额越大，限制效应越弱；美国占中国整体出口的比例越大，限制效应越弱。从市场依存度和贸易扩散效应的角度来看，这是合理的。

2.“双反”调查对美国进口其他国家涉案产品的贸易效应

“双反”调查对美国进口中国涉案产品数量和产品价值对中国进口产品的影响如表 6-1 和表 6-2 回归模型第（4）项和第（10）项所示。这些结果与我们在描述性统计分析部分关于贸易转移效应的研究结果一致。

首先，反倾销措施增加了从其他国家进口产品的数量和价值。四个回归方程的 $lnduty_i$ 系数均为正。进口价值回归中的回归系数甚至是显著的。此外，时间效应模型均为正，特别是 t_1 年份和 t_2 年份的时间效应显著，且随着时间的推移，时间效应系数呈下降趋势。这些发现为贸易转移效应提供了证据。在我们调查的 3 年中存在贸易转移，在 t_0 年之后的头 2 年影响尤为强烈。在 t_1 年的影响最为显著，随着时间的推移，影响逐渐减弱。

其次，来自其他国家的进口在 t_0 年与上一年度存在显著的正相关关系。进口数量和进口价值相对于基准年变化率的回归系数较大，在1%水平上有统计学意义。这一事实反映了贸易的连续性，同时表明在做出初步决定的当年，对美国从其他国家进口的影响是有限的。

最后，对应于变量 ImPerc 对贸易限制效应的影响，中国在美国市场占有的市场份额越大，贸易转移效应越强。然而，它的系数很小，甚至是正的。考虑到我们使用的是除中国以外的所有出口商的贸易数据，而不是未指定国家的贸易数据，这并不奇怪。然而，系数并不显著。因此，在这种情况下，ImPerc 和 ExPerc 的贸易转移效应的影响方向无法确定。

（三）实证结论及启示

本章通过对中国和其他国家贸易模式的考察，提出了贸易限制效应和贸易转移效应的证据。我们发现，在反倾销调查中，美国从中国进口的趋势已经受到了影响，这与以往关于调查效果的文献是一致的。在 t_0 年之后，即做出初步决定的那一年，从中国的进口急剧下降。然而，这种限制效果是相当短暂的。此外，其他国家也受益于美国针对中国的反倾销行动。反倾销措施的大部分保护作用被来自中国以外国家的进口增加所抵消。总体而言，反倾销措施对美国进口总额的影响并不显著。然而，反倾销措施确实达到了一些目的：它有效地提高了有关产品的价格，特别是从中国进口的产品的价格。换句话说，它通常偏离政策制定者的目标，最终提高进口价格，这将对美国消费者产生负面影响。

此外，一些因素会显著影响反倾销措施，如反倾销税的水平，中国在美国市场的地位，以及美国市场对中国的重要性。更高的关税会导致更强的贸易限制效应和转移效应。中国在美国的市场份额越大，限制效应越弱。美国占中国整体出口的比例越大，限制效应就越弱。

近年来，针对中国在美国提起的反倾销案有所增加。毫无疑问，美国企业将继续频繁地利用反倾销法，以减少来自中国出口商的激烈进口竞争。美国反倾销措施的实际效果达不到它们的预期。反倾销行动的保护作用十分有限。对中国而言，通过法律手段提高中国在美国市场份额和增强中国在美国的市场地位是削弱美国反倾销措施对中国影响的一种方式。

第七章
产业内贸易摩擦的形成动因

一般而言，动因是指事物（客体）产生发展的原因（Cause），它是主体在受到外部环境影响的条件下，通过行为诱发、维持、引导客体向特定方向发展的过程中，主体内部产生的行为心理倾向（Drive）。从目的论角度论述行为的发生时，行为主义心理学家强调动因是偏向主观的一种心理过程，也可称作动机（Motivation）。本章对美国对华贸易摩擦形成动因（Motivation）进行研究，意在强调在摩擦发起过程中，利益集团发起贸易摩擦时所面临的外部环境（双边贸易发展状况），并探讨美国国内相关利益集团（主体）对贸易政策（客体）如何进行主观回应。

第三章将美国对华贸易摩擦划分为产业内贸易摩擦和产业间贸易摩擦，为了找寻不同贸易摩擦形成的动因，本章通过建立产业内贸易条件下的异质性企业固定出口成本模型，分析保护性贸易政策对不同生产率企业影响，并运用美国企业层面的面板数据进行实证检验，以探讨美国对华产业内贸易摩擦的动因；同时，通过评述不同理论框架下“平滑调整假说”分析方法对美国对华产业间贸易摩擦形成动因的适用性，并运用中美贸易数据对“平滑调整假说”进行实证检验，探讨美国对华产业间贸易摩擦的动因；最后对产业内贸易摩擦和产业间贸易摩擦形成动因进行比较，分析两者之间存在的差异。

一、美国对华产业内贸易摩擦形成的动因

第五章的研究指出，美国对华产业内贸易摩擦主要发生在化学化工产品、塑料塑胶制品、纸及纸制品、机械电机设备以及交通运输设备等行业中。从行业特点来看，这些行业中中国对美国的出口产品一般来说都不具有比较优势和竞争优势。学术界认为，国际产业结构趋同（黄晓凤，2007）以及战略性贸易政策（徐丽华等，2007）是该领域贸易摩擦产生的主要动因。

传统国际贸易理论阐释了在完全分工的条件下贸易互利性的双赢理念，现实的国际贸易实践却是在能带来高额利润的高科技产业和其他产业的出口相似性及产品相似性日趋严重，两国产业结构间的趋同阻碍了国际贸易正和博弈的实现从而引发贸易摩擦。另外，在不完全竞争和规模经济条件下，发达国家通过一些战略性贸易政策来保护国内市场，扶持本国战略性产业发展，培育和增强其在国际市场上的竞争力，并借机争夺竞争对手的市场份额和利润，在此过程中贸易摩擦的爆发就不可避免了。

以上两方面的原因可以在一定程度上解释中美在这些产业中贸易摩擦产生的原因，但产业结构趋同更容易发生在发达国家之间，而中美之间的国际分工更接近垂直分工。此外，美国战略性贸易政策也偏向于保护高新技术产业的发展，对其他产业保护较少。因此，这些原因并不足以解释美国对华产业内贸易摩擦的形成动因问题。本节运用企业异质性理论的分析方法，通过建立理论和实证模型分析美国对华产业内贸易摩擦的形成动因，分析结果显示，美国对华产业内贸易摩擦产生的根源在于美国企业的非市场竞争行为或非市场策略，而其动因在于保护性贸易政策能为不同类型企业带来不同的贸易利得。

（一）产业内贸易摩擦形成动因的分析方法

传统贸易理论对产业内贸易无法给予合理解释，从而推动了国际贸易的理论创新和经验研究。产业内贸易理论是当今国际贸易的前沿理论，20 世纪 60 年代以来，经过 70 年代中期的经验研究和 80 年代的理论分析，经济学家们在这一领域展开了广泛的讨论，Grubel 和 Lloyd（1966，1975）、Krugman（1979，1980）、Brander（1983）、Greenaway（1986，1994）以及 Brulhart（1994）等建立了解释同一产业内产品双向流动的国际贸易新理论，产业内贸易理论日臻完善。近年来，产业内贸易理论关注的前沿问题转移到关注贸易成本与产业内贸易、水平、垂直产业内贸易、产业调整与产业内贸易以及人口迁移与产业内贸易等方面的研究中（Greenaway and Milner，2006）。

产业内贸易理论关注的一个焦点问题是贸易成本，其中的核心之一是对贸易主体的设定如何突破“企业同质”的假设，将企业异质性纳入一般贸易均衡框架中。传统经济学理论的前提假设中对企业的唯一限定是追求利润最大化，这就意味着所有企业都是“同质”的。克鲁格曼建立的新贸易理论虽然将规模报酬递增和不完全竞争引入国际贸易的分析中，但参与贸易的主体仍是“同质”的，即所有企业都参与出口和 FDI。最新的理论研究表明，企业间的差异对于理解国际贸易至关重要，同一产业部门内部企业间的差异可能比不同产业部门间的差异更加显著，而且在现实中并非所有企业都从事出口。Helpman，Melitz 和 Yealp（2004）研究表明，如果企业生产率较低，则不论贸易成本高低企业都只能服务于国内市场；如果生产率较高，贸易成本偏低时企业才会选择出口；只有当生产效率很高时，企业才会选择对外直接投资。

自 20 世纪 90 年代中期以来，大量基于企业层面生产和贸易数据的微观经验研究发现，出口企业与非出口企业大不相同，贸易自由化会引致贸易利益在产业内重新分配，迫使生产率水平较低的非出口企业退出产业或关闭，导致市场份额向较高生产力的出口企业重新分配（Bernard and Jensen，1995）。将异质性企业理论融入产业内贸易模型是国际贸易理论研究的一个新前沿，许多学者在这一领域为我们提供了新的见解。Schmitt 和 Yu（2001）将异质性的企业出口固定成本运用于产业内贸易模型，证实了产业内贸易量和贸易产出比会随着规模经济程度递增。Melitz（2003）通过赋予企业不同的边际成本来分析产业内资源重新配置，证明了贸易利得的增加源于贸易带来的企业效率改进。Falvey 等（2004）构建的生产率非对称国家间的产业内贸易模型发现，贸易开放会提高双边产业的平均收益率、利润率以及生产率，但效率更高的国家从中获益更多。Baldwin 和 Gu（2004）采用复杂的计量技术，发现贸易政策对出口市场进入决策的影响非常显著，计量结果显示 4.5%的美加关税削减会带动双边 63%的出口增长。

对贸易政策与不同类型生产率企业之间存在的联系，还有很多文献进行了实证方面的探讨。Lileeva 和 Trefler（2007）的实证结果表明，美加自由贸易区中美国对加拿大进口产品的关税削减能使劳动生产率较低的小企业比劳动生产率较高的大企业从中收获更多劳动生产率增长，企业的自我选择使得只有那些高生产率的企业生存下来。他们的研究还发现，美加自由贸易协定导致了加拿大总的制造业生产率提高了 6 个百分点，并表现为高工资和低价格，是典型的消费者贸易利得。Feenstra 和 Kee（2006）研究表明，美国出口的增长会带来出口商劳动生产率年均 4.5%的增值率，出口商的生产率利得要高于进口商年均 2.6%的进口增长率的生产率利得。

以上文献为我们对企业异质性条件下的产业内贸易进行分析提供了有效的方法，但这些研究大多建立在贸易自由化的基础上，一旦这一前提被破坏，贸易保护主义的产生，会对异质性的企业产生什么样的影响？这些影响通过怎样的分析方法才能有效得出？Jorgenson 和 Schroder（2005）建立的异质性企业固定出口成本的双边产业内贸易模型得出与传统模型相反的结论，认为贸易双边在一定幅度内同时提升关税可能会导致两国福利的提升。Cole 和 Davies（2009）通过建立内生选择关税的异质企业模型证实，纳什均衡关税比社会最优关税更有利于低生产率企业的生存。Konings 和 Vandenbussche（2008）通过实证研究欧盟对外反倾销措施对区域内进口竞争公司的生产率的影响，发现在保护期限内低生产率企业能获得生产率的上升，而高生产率企业则会因为贸易保护导致生产率的降低。Konings 和 Vandenbussche（2005）用法国企业数据分析国内反倾销保护对于企业出口和生产率的影响，结果是反倾销保护刺激了企业出口，但降低了出口企业的生产率。李春顶（2011）实证评估了中国对外反倾销措施的产业救济效果，发现中国对外反倾销的产业救济效果良好，尤其明显地提高了行业利润、产值、企业数、生产率以及就业人数，但对出口影响较微弱。这些研究为我们在保护性贸易政策的前提下分析产业内贸易摩擦提供了方法上的可能，这些文献的结论也在一定程度上表明，保护性贸易政策的实施给部分企业带来贸易利得，但同时也损害了部分企业的自身利益。

（二）产业内贸易摩擦形成动因的理论模型

以上文献的理论建模和实证方法为本章的研究提供了有益的参考。具体到美国对华产业内贸易摩擦，本节首先建立一个产业内贸易条件下的异质性企业固定出口成本的理论模型以分析保护性贸易政策对不同生产率企业影响。实证研究方面，我们将运用美国企业层面的面板数据检验产业内贸易摩擦对中国与世界其他地区进口产品价格，以及出口与非出口企业生产率的不同影响，并以理论和实证模型的结论为基础探讨美国对华产业内贸易摩擦形成的动因。

对贸易壁垒进行理论分析一般可以通过添加贸易冰山成本、从价税以及额外的出口固定成本三方面的变量进行。为了从企业层面说明产业内贸易与贸易摩擦之间的联系，本节建立一个产业内贸易条件下在双边同时征收关税（从价税）对异质性企业影响的理论模型。

1. 模型的建立

本节的模型建立在标准的克鲁格曼产业内贸易模型（Krugman，

1980）的基础上，同时引入 Schmitt 和 Yu（2001）异质性企业固定出口成本这一特征，并借鉴 Jorgenson 和 Schroder（2006）模型的推导方式。假定本国和外国在某一行业各企业生产相似产品，且生产规模相似，两国初始双边贸易平衡，消费者对本行业产品偏好相同且都热衷于消费的多样性。也就是说，对于本行业所有的消费品 c，消费者的效用可表示为：

$$U=\sum_{i_d=1}^{N_d} c_{d,i_d}^{\theta}+\sum_{i_t=1}^{N_t} c_{t,i_t}^{\theta}+\sum_{i_f=1}^{N_f} c_{f,i_f}^{\theta},\ \theta \in (0,\ 1) \tag{7-1}$$

在这里，c_d，i_d 表示本国非贸易品 i_d 的消费量，c_t，i_t 表示本国出口贸易品 i_t 的消费量，c_f，i_f 表示本国进口贸易品 i_f 的消费量；N_d，N_t 和 N_f 表示本行业两国各种产品的产量之和。另外，我们以 * 表示外国的变量，根据模型双边贸易平衡的设定可以得出 $n_t=n_f^*=n_f=n_t^*$。

根据企业异质性的假定，企业出口与否是内生的，非出口企业的产品只关注国内市场，而出口企业则兼顾本国和外国两个市场。假设每个企业都以固定成本 α，恒定的边际成本 β 进行生产，劳动力 L 是生产的唯一要素，成本函数以整个经济体的平均工资率 ω 表示，为简便起见，将其标准化为 1；每个企业都可以选择出口或者不出口，取决于各企业面临的不同固定出口成本 $a_i \in (0,\ \alpha)$，其分布函数以 F（·）表示；两国同时对本行业进口产品征收同等的从价关税 $\tau \in (0,\ 1)$。固定出口成本和关税两因素的追加会导致非出口和出口企业之间之前均衡被破坏，因此，对于具有不同生产率的企业来说，新的利润函数就变成：

$$\pi_d=p_d x_d-(\alpha+\beta x_d)\omega \tag{7-2}$$

$$\pi_z=p_t x_t+(1-\tau)p_z x_z-(\alpha+\alpha_i+\beta(x_t+x_z))\omega \tag{7-3}$$

其中，x_d 表示非出口企业的产量，x_t 和 x_z 分别表示出口企业本国和外国市场的产品投入量。在产品市场出清的条件下，可以得到：

$$Lc_{d,i_d}=x_{d,i_d},\ Lc_{t,i_t}=x_{t,i_t},\ L^*c_{d,i_d}^*=x_{z,i_t} \tag{7-4}$$

其中，进口贸易品 i_f 和出口贸易品 i_t 代表相同的产品种类。同样，外国也存在着相同的模型。

2. 征收关税对非出口企业销售量和利润的影响

在产量足够大的条件下，我们通过求解方程（7-2）利润最大化结果，可以得到贸易品的逆需求方程：

$$p_d=\beta/\theta \tag{7-5}$$

在 Krugman 模型设定的垄断竞争市场条件下，企业进出本行业是自由的。为了进入本行业，我们设定新进入企业会产生一定的沉没成本 f，其中，一部分来自于建立企业所需的门槛费用[①]，另一部分来自运行企业所需的劳动力要素成本；存在两个代表性的 $\bar{a}_h$ 和 $\bar{a}_l$ 分别表示出口和非出口企业的固定出口成本，当企业进入该行业后，该企业为出口企业的概率为 γ，所以，新企业进入该行业的临界点在于预期利润和沉没成本：

$$\pi^e=\gamma[F(\bar{a}_h)\pi_z+((1-F(\bar{a}_h))\pi_d]+(1-\gamma)[F(\bar{a}_l)\pi_z+((1-F(\bar{a}_l))\pi_d]=f \tag{7-6}$$

由于出口企业的预期固定出口成本为$\bar{a}_h/2$，当企业固定出口成本一旦大于$\bar{a}_h$，企业必将退出出口。因此，将方程（7-2）和方程（7-3）代入方程（7-6），我们可以得到：

$$\gamma\left[\frac{\bar{a}_h}{\alpha}(p_tx_t+(1-\tau)p_zx_z-(\alpha+\frac{\bar{a}_h}{2}+\beta(x_t+x_z))+(1-\frac{\bar{a}_h}{2})(p_dx_d-(\alpha+\beta x_d))\right]=f \tag{7-7}$$

要解出方程中非出口企业征税后的销售量 x_d，首先要解出征税后出口企业在国外和国内市场上的销售量 x_t 和 x_z。对出口企业来说，由于在国内市场面临同样的竞争，因此，其在国内市场上的销售量和非出口企业相同，$\pi_t=\pi_d$。

对出口企业来说，由于征收关税会使得出口产品的价格变为 $p_z=p_z^*=p_d/(1-\tau)$，这就意味着本国出口产品在外国市场上的价格等于进口产品在本

① 门槛费用是指注册企业及承担风险等产生的费用。

国市场上的价格且高于本行业产品在本国市场上的价格。在新的均衡中，要使得消费者效用（方程（7-1））达到最大化，必须使得增加一单位本国和外国产品消费带来的边际效用比率等于产品在国内和国外的价格比率，表示为：$\theta c_d^{\theta-1}/\theta c_f^{\theta-1}=p_d/p_z^*=1-\tau$。在产品市场出清条件下，我们可以推导出：

$$x_z=x_z^*=x_d/(1-\tau)^{1/(1-\theta)} \tag{7-8}$$

将方程（7-8）代入方程（7-7），我们可以求解出征税后非出口企业在国内市场上的销售量 x_d：

$$x_d=\frac{\theta}{(1-\theta)\beta}\frac{\bar{a}_h^2+2\frac{f}{\gamma}\alpha+2\alpha^2}{2(\alpha+\bar{a}_h(1-\tau)^{1/(1-\theta)})} \tag{7-9}$$

从方程（7-8）中可以看出，在其他条件不变的情况下，非出口企业的销售量与关税税率成正比，意味着关税税率提升得越高，非出口企业的销售量也就越大。而由方程（7-5）可知，征收关税对非出口企业产品国内市场上的价格不产生影响，也就是说，征收关税短期内能增加非出口企业利润额。因此，非出口企业在双边同时征收关税的过程中能够获益。

3. 征收关税对出口企业销售量和利润的影响

分别对方程（7-3）中的 x_t 和 x_z 求利润最大化的解，可以得到以下两个逆需求方程：

$$p_t=\beta/\theta \tag{7-10}$$

$$p_z=\beta/(1-\tau)\theta \tag{7-11}$$

p_t 和 p_z 分别代表出口企业产品在本国和外国市场上的价格，由于 $p_d=p_t$，因此，单个出口企业在国内市场上的销量与非出口企业相同：

$$x_t=x_d=\frac{\theta}{(1-\theta)\beta}\frac{\bar{a}_h^2+2\frac{f}{\gamma}\alpha+2\alpha^2}{2(\alpha+\bar{a}_h(1-\tau)^{1/(1-\theta)})} \tag{7-12}$$

结合方程（7-8）可知，由于出口企业在国外市场价格更高，出口产品的多样性和销售量都会出现下降，在垄断竞争的市场条件下，出口企业的出口利润受到损害。

由于不同出口企业的固定出口成本存在差异，当代表性企业的固定出口成本为$\bar{a}$时企业出口利润为0，此时企业就会选择停止出口，从方程（7-3）中可以得到$(1-\tau)p_z x_z-(\bar{a}+\beta x_z)\omega=0$，由此推导出：

$$\bar{a}=\alpha(1-\tau)^{1/(1-\theta)} \tag{7-13}$$

代表性企业出口固定成本$\bar{a}\in(0,\alpha)$，当本行业内任意企业i的出口固定成本$a_i\in(0,\bar{a})$时，该企业就能从出口中获得利润；当任意企业i的出口固定成本$a_i\in(\bar{a},\alpha)$时，该企业就会退出出口企业行列。由于$\bar{a}$与关税税率τ成反比，所以我们可以推断，随着关税税率的上升，本行业内效率较低的企业会逐渐被淘汰出出口企业行列，转而只关注国内市场。

对于出口企业来说，征收关税增加了其在国内市场上销售量和利润额，但同时减少了其在外国市场上的销售量和利润，因此，总利润额的变化取决于其在国内市场上利得与外国市场上的损失的差额。一般来说，企业生产率越高，在外国市场上的销售额越大，损失越大。因此，征税偏向于造成高生产率企业总利润的损失，但对生产率较低的出口企业影响则不确定。

理论模型的结果在一定程度上从数理关系上验证了Milner（1988）提出的观点。在双边进行开放性的产业内贸易条件下，对非出口企业而言，关税的征收不仅能够促使其产量的提升，同时能够带来利润的增加。因此，只要游说成本低于关税利得，由各种非出口企业组成的利益集团就有动力在贸易政策制定时游说相关的政治团体，由此可能导致贸易保护主义措施的出台；对高生产率出口企业而言，关税的征收会减少其总利润，只要游说成本低于征收关税带来的利润损失，由各种高生产率出口企业组成的利益集团就有动力在贸易政策制定时进行游说，以阻止贸易保护主义措施的出台；对于生产率较低的出口企业来说，其对贸易保护主义措施和贸易开放政策的偏好则不明确。产业内贸易摩擦是不同企业利益集团利益博弈的结果，当出口企业利益集团的游说力量超过非出口企业利益集团时，开放性的贸易政策会继续执行；一旦非出口企业利益集团游说力量占据上风，保护性贸易政策则会随之出台，美国对华贸易摩擦由此产生。理论模型的结论表明，保护性贸易政策给不同企业利益集团带来的差异性影响结果是产业内贸易摩擦产生的动因所在。

（三）美国对华产业内贸易摩擦形成动因的实证检验

理论分析表明，在产业内贸易条件下，征收关税会对非出口和出口企业产生截然不同的影响，不同效率的企业组成的利益集团有动力去游说相关政治团体制定偏向于自身的贸易政策。然而，现有的国际贸易体系下，关税水平却是不断下降的，而与之相伴随的是各种新型的贸易保护主义措施（如反倾销、反补贴等）实施数量正逐渐增加。单从美国对华反倾销的统计结果来看，从中国改革开放到加入 WTO，美国累计对华发起反倾销立案调查 87 起，平均每年 3.78 起；而从中国加入 WTO 到 2010 年，反倾销立案调查总量则为 61 起，平均每年 6.78 起。

美国对华采取的这些贸易救济措施对本国而言是为了实现“公平贸易”，实际上，从企业异质性的角度来讲，我们认为这些措施实施的目的是为了保护本国非出口企业的利益。为了验证这一命题，本章结合 Lileeva 和 Trefler（2007）、Konings 和 Vandenbussche（2008）两篇文献提供的方法，运用实证模型检验反倾销等贸易保护措施对美国出口与非出口企业生产率（TFP）是否具有不同的影响。

由于本节的研究对象是美国对华产业内贸易摩擦的形成动因，因此，对贸易摩擦案例的选取应局限于产业内贸易水平较高的产业中。在时间序列样本数据的选择上，需要考察摩擦发生后的若干年内其对出口与非出口企业生产率的影响，我们仅将案例的选择局限于发生在 2002~2007 年的贸易摩擦；对于截面数据样本的选择，产业内贸易摩擦主要表现为反倾销或对同种产品的“双反”调查，由于“双反”调查涉及对企业生产率的双重影响，与单独反倾销案存在较大区别，本章只考察美国对华反倾销案例。在贸易摩擦的认定方面，只有执行了终裁的摩擦才会对不同企业利益产生影响，所以本书在此基础上进一步筛选出执行了肯定性终裁的 19 起摩擦案例，如表 7-1 所示。

表 7-1　2002~2007 年美国对华反倾销执行肯定性终裁涉案产品目录

涉案产品	SIC 四位码	发起年份	涉案行业企业数	加权 IIT
六偏磷酸钠	2819	2007	69	0.876
亚硝酸钠	2819	2007	69	0.876
棕刚玉	2812	2003	47	0.876
碳酸钡	2819	2003	69	0.876
咔唑紫颜料	2865	2004	58	0.876
氯化异氰脲酸酯	2869	2005	93	0.911
四氢糠醇	2869	2004	93	0.911
糖精	2869	2003	93	0.911
格记录纸	2671	2006	73	0.756
低克重热敏纸	2672	2007	64	0.756
薄绵纸	2675	2005	81	0.756
皱纹纸	2675	2004	81	0.756
手推车	3714	2005	76	0.386
聚乙烯醇	2821	2003	105	0.754
聚酯薄膜	2821	2007	105	0.754
聚乙烯零售塑料袋	2821	2004	105	0.754
未加工橡胶磁	3663	2007	52	0.414
彩电	3692	2004	86	0.414
电解二氧化锰	3663	2004	52	0.414

注：由于在 SIC 四位码的统计口径中并无贸易数据的统计，因此本章以相对应的 HS 两位码来统计 IIT 的数值；美国对华贸易摩擦数据来自中国贸易救济信息网（http：//www.cacs.gov.cn）。

1. 美国对华产业内贸易摩擦对美国进口产品价格的影响

为了验证理论模型的结果，本章首先从行业层面分析美国对华产业内贸易摩擦对美国国内市场进口产品价格的影响，建立如下模型：

$$\ln price_{kt} = \alpha_k + \beta_1 AD\_PRICE\_EFFECT + \beta_2 YEAR\_DUMMIES + \varepsilon_{kt} \quad (7-14)$$

其中，α_k 代表产品层面的固定效应；$price_{kt}$ 代表进口产品的单位价格，以涉案产品 HS6 位码的进口价格表示；AD_PRICE_EFFECT 代表反倾销的价格效应，反映受保护产业价格变化的特征，它是一个虚拟变量，其中反倾销发生前表示为 0，摩擦反倾销发生后表示为 1，对于重叠行业的反倾销行为，本章在回归时以第一起反倾销作为观测量；YEAR_DUMMIES 用于观测价格的时间效应。

为了进一步分析反倾销对进口产品价格的影响，本章将中国进口产品价格和世界其他地区进口产品价格作为因变量分别进行回归，用以比较反倾销对两者影响程度的大小。出于数据连续性的考虑，本章筛选出了其中的 15 项反倾销案例作为样本，并以 HS6 位码作为产业的统计口径。在价格数据的计算上，本章采用的数据来自联合国商业贸易网站上美国从中国进口的 CIF 价格，并未将反倾销税包含其中。考虑到价格具有很强的惯性，其变化存在路径依赖和锁定效应，应将价格的滞后项作为解释变量添加到模型中来，因此，本章运用 AR（1）模型对方程进行回归，回归结果如表 7-2 所示。

表 7-2　美国对华产业内贸易摩擦对从中国以及其他地区进口产品价格的影响

	China	World except China
Constant	0.583* (7.673)	1.073* (12.81)
AD_PRICE	0.286* (3.333)	0.035 (0.327)
Year effects	Yes	Yes
AR（1）	0.398* (4.294)	0.675* (7.891)
Adjust R-squared	0.923	0.959
observations	120	120

注：各估计值括号内的数值为该变量回归的 t 统计值；*、** 分别表示该变量在 1%、5%的置信水平上显著。

从表 7-2 显示的结果来看，首先，面板数据一阶自回归估计结果表明，进口产品的价格具有较强的惯性，而且美国从世界其他地区进口产品的价格具有更强的连续性，这在一定程度上表明美国对华产业内贸易摩擦对美国从中国进口的产品价格冲击更强。其次，美国对华产业内贸易摩擦对美国从中国进口产品的价格存在较为显著的影响，摩擦的发生使得价格出现 28.6%的上涨；而在同期，其对美国从世界其他地区进口产品的价格的影响不大，且估计量均不显著。这一回归结果说明，美国对华产业内贸易摩擦的发生使得美国从中国进口产品的价格出现较大幅度的上涨，产品竞争压力大增，这就在一定程度上减轻了美国国内相关企业的竞争压力。

2. 美国对华产业内贸易摩擦对美国异质企业生产率的影响

在企业样本的选择上，由于涉案行业中的企业包括多生产部门企业（跨行业生产）和单生产部门企业（只生产该行业产品），而多生产部门企业生产率的计算需考虑更多因素，因此，本章在研究中剔除多生产部门企业；在时间序列的选择上，由于在一定年限内存在企业的进入和退出，基于数据连续性的考虑，本章只分析在此年限内数据无缺失的企业样本。为简化研究，本章按 SIC 四位码筛选出以上贸易摩擦涉案行业中的 854 家美国单生产部门企业 2001~2009 年的年度数据进行分析（见表 7-1）。在进行数据处理时，由于贸易摩擦发生的行业存在重叠，因此，最终纳入统计范畴的行业只有 11 个。行业层面的数据来自联合国商业贸易网站（http：//www.uncomtrade.com）；企业层面的数据来源于标准普尔北美企业数据库（http：//www.compustat.com）。

在对出口企业和非出口企业的划分方面，由于受到企业数据分类层面的限制，贸易保护措施对非出口企业与出口企业生产率的影响很难测算，因此，在实证分析过程中本章将高生产率企业等同于出口企业（Melitz，2003）。对于企业生产率（TFP）的测度，本章采用 Konings 和 Vandenbussche（2008）提出的方法，假定企业的生产函数满足 C-D 生产函数的形式：

$$y_{it}=\beta_0+\beta_1 l_{it}+\beta_2 k_{it}+\eta_{it} \qquad (7\text{-}15)$$

其中，y_{it} 表示企业 i 在 t 期的增加值，在取值时以 2005 年为基期按行业 PPI 指数进行平减；l_{it} 表示企业 i 在 t 期的劳动雇佣量；k_{it} 表示企业 i 在 t 期的固定资本量，在取值时以 2005 年为基期按行业资本价格指数进行平减。运用 2001~2009 年的企业面板数据对方程式（7-14）进行回归，得出 β_1 和 β_2 的拟合值以及方程的残差，也就是所求的 tfp，表示为：

$$tfp_{it}=y_{it}-\hat{\beta}_1 l_{it}-\hat{\beta}_2 k_{it} \qquad (7\text{-}16)$$

根据 OLS 的回归结果，本章按 2001 年的 TFP 将企业划分为出口和非出口企业，在统计中，将 TFP 高于平均值的企业划分为出口企业，将 TFP 低于平均值的企业划分为非出口企业。统计信息见表 7-3。

表 7-3　2001 年美国对华产业内贸易摩擦涉案行业企业 TFP 统计信息

	全样本	出口企业样本	非出口企业样本
平均值	1.76	2.21	1.32
中间值	1.52	2.13	1.18
标准误	1.89	1.73	1.46
企业数	854	386	468

根据方程（7-16）得出的回归结果和表 7-3 的统计信息，本章在企业层面建立面板数据模型检验产业内贸易摩擦对美国国内出口企业与非出口企业生产率的影响，模型如下：

$$tfp_{ijt}=\alpha_i+\alpha_1 AD\_EFFECTj+\alpha_2 YEAR\_DUMMIES+\varepsilon_{it} \qquad (7\text{-}17)$$

其中，α_i 表示企业层面的固定效应；YEAR_DUMMIES 表示用于观测 TFP 的时间效应；AD_EFFECT_j 表示模型的主要解释变量，用于观测被保护行业 j 中被观测企业摩擦前后产出和生产率变化，以虚拟值表示，其中摩擦前为 0，摩擦后为 1。被解释变量 $ftpi_{ijt}$ 表示行业 j 中的被观测企业 i 在 t 年的生产率。同样地，运用 AR（1）模型对方程进行回归，回归结果如表 7-4 所示。

表 7-4　美国对华产业内贸易摩擦对美国不同类型企业 TFP 的影响

变量	全样本	出口企业样本	非出口企业样本
Cons	0.433** (2.36)	0.522* (4.13)	0.385*** (1.89)
Ad_effects	0.032* (4.63)	-0.023*** (1.73)	0.056** (2.55)
Year effects	Yes	Yes	Yes
AR (1)	0.396* (3.56)	0.352* (6.69)	0.401** (2.63)
Adj R-sqrd	0.136	0.142	0.138
观测值	6832	3088	3744

注：各估计值括号内的数值为该变量回归的 t 统计值；*、**、*** 分别表示该变量在 1%、5%、10%的置信水平上显著。

表 7-4 的回归结果显示：面板数据一阶自回归估计结果较为显著，TFP 存在较强的路径依赖。从全体企业和非出口企业的回归结果看，美国对华产业内贸易摩擦在一定程度上提升了美国涉案行业整体企业（3.2%）和非出口企业（5.6%）的生产率。也就是说，由贸易摩擦带来的保护性政策有利于本行业整体生产效率的提升，这是因为保护性政策的实施为生产率较低的企业提供了更广阔的市场空间，从而使得它们有机会采取提升企业生产率的措施。从出口企业的回归结果看，美国对华产业内贸易摩擦则在一定程度上降低了美国涉案行业出口企业的生产率（2.3%），表明由贸易摩擦带来的保护性政策反而不利于高生产率企业生产效率的提升，这可能是由保护性政策的实施使得生产率较高的企业海外市场开发受阻而导致。

从实证检验的结果来看，美国对华反倾销会大幅度提高从中国进口产品的价格，从而使本国受保护行业中的企业受益。同时，保护性贸易措施会提升非出口企业的生产率，但一定程度上会降低出口企业的生产率。这一实证结论进一步证实，保护性贸易政策给出口与非出口企业带来不同的贸易利得是美国对华产业内贸易摩擦产生的动因。

二、美国对华产业间贸易摩擦形成的动因

第三章指出美国对华产业间贸易摩擦主要发生在纺织服装、钢铁制品以及杂项制品等行业中，这些行业中，中国对美国的出口产品一般来说都具有比较优势和竞争优势，学术界普遍认为两国产业结构的不均衡发展以及美国对“夕阳产业”的就业保护是该领域美国对华贸易摩擦产生的主要原因。

中美产业结构不协调（赵建，2004）、产业结构前后向经济联系不紧密（柳剑平，2006）是美国对华贸易摩擦产生的基本原因。中美两国各自为了追求本国福利的最大化，必然会制定有利于本国经济发展的政策，一方面，美国在产业结构调整和升级的过程中会逐渐把一些劳动密集型的“夕阳产业”转移到包括中国在内的劳动力资源丰裕的国家，但出于国内产业经济利益、就业或保持经济决策自主权的考虑，一般又不愿意退出这些低附加值产品的市场；另一方面，中国在承接国际产业结构的转移和调整过程中会依据自身的比较优势在国际市场上进行竞争，但中美在国际生产价值链上处于不同层面且无前向联系导致中国这些行业的产品大量进入美国市场。中美在这些行业中产业结构的不匹配会阻碍市场机制发挥完全的作用，从而使得两国厂商为了追逐有限的市场而展开激烈的竞争，贸易摩擦难以避免。

对“夕阳产业”的就业保护也是美国对华贸易摩擦产生的重要原因（李春顶等，2008）。20 世纪 80 年代以来贸易超保护主义盛行，在这一经济思想的影响下美国对本国市场的保护不仅涵盖具有竞争优势的行业如金融服务业，还将保护的对象延伸到本国正在衰落的垄断产业如纺织业，通过制定和实施有关对外贸易法规来干预贸易活动，减少中国相关产业产品对本国市场的冲击，以达到保护本国相关产业发展，保护国内就业

以及保护特定群体利益的目的。虽然中国出口产品在美国是夕阳产业，对其国内市场不具备竞争性，但由于该类产业的就业人数多、弹性大，而充分就业一直以来是各国宏观经济政策的主要目标之一，因此，中国劳动密集型产业以及价格劳动需求弹性大的产业对美国的出口更容易遭受贸易摩擦。

以上两方面的原因很大程度上解释了中美在特定行业中贸易摩擦产生的原因，但从现有文献的研究成果来看，很多研究成果大都强调某一特定因素对贸易摩擦形成的影响，实际上，运用调整成本理论的分析方法可以将以上几方面原因综合起来分析。本节运用调整成本理论的分析方法，通过建立理论和实证模型分析美国对华产业间贸易摩擦的形成动因，分析结果显示，美国对华产业间贸易摩擦根源在于美国在该行业进行产业结构调整时产生较大的调整成本，而其动因在于调整成本带来的贸易利益在不同利益集团间的不均衡分配。

（一）产业间贸易摩擦形成动因的分析方法

随着贸易自由化的深化，产业内贸易理论关注的另一个焦点问题是产业内贸易的动态衡量以及产业内贸易与贸易自由化所带来的调整成本之间的关系问题。由于贸易自由化过程中不可避免地要进行本国的产业结构优化和调整，从而会产生相应的调整成本。Balassa（1966）指出，由于贸易自由化程度的提高，进出口所带来的影响会导致不同部门生产的变动，生产部门的扩大或缩小会引起生产要素在该部门的进入或退出，由此所带来的成本就属于调整成本的范畴，而其中 1 项成本是指当劳动力市场在需求与供给条件变化后未能及时出清而导致暂时性效率低下时产生的损失成本（Brulhart，2002）。学术界普遍认可的一个观点是，产业内贸易的发展使得生产要素在同一部门内部自由流动，因而会引致较低的调整成本，即由 Balassa（1966）提出的所谓“平滑调整假说（SAH）”。Balassa 指出，由于产业内贸易作为同类商品的交换，其要求生产商品的劳动力技能的相似性必然高于产业间贸易，当劳动力不需要经过更多的再培训就可以在同一产业内部的企业间流动时，其调整成本必然较低。

SAH 认为，调整成本的大小与贸易结构，即产业内贸易程度的高低有密切的关系，在新增的贸易中，产业内贸易水平越高，要素的调整成本越低。根据这一假说，产业内贸易变动相对于产业间贸易变动引起的调整成本更低，因此调整成本可以用产业内贸易水平间接衡量，即产业内贸易水平越高，由贸易结构变动引起的调整成本就越低。这是因为劳动技术和管理技术在产业内比在产业间更加相似，贸易自由化过程中产业内调整比产业间调整更加容易，同时，由于其他互补性生产要素在同一产业内可能更具流动性，也使劳动力市场在较小的工资调整下能够获得均衡（Brulhart，2002），所以产业内贸易比产业间贸易引起的调整成本低。

随着区域经济一体化的深入发展，人们发现，区域经济一体化与产业内贸易水平之间存在某种正相关关系，于是围绕 SAH 的基本观点，大量文献进行了实证检验。Brulhart 和 Elliott（2002）通过运用工人的失业率和工资的变化情况作为变量，衡量了调整成本对欧盟经济一体化进程的影响，发现各国间产业内贸易水平的增加，减少了要素调整的摩擦成本，从而促进了经济的发展。此外，Tharakan 和 Calfat（1999）对比利时，Brulhart（2000）对爱尔兰以及 Greenway、Hines 和 Milner（2002）对英国的分析等都通过不同国家具体行业的数据证实，产业内贸易与劳动力要素调整成本之间的关系，并为 SAH 提供了有力的支持。然而，随着产业内贸易的不断发展和研究的不断深入，该假说不断受到挑战。Lovely 和 Nelson（1999）通过将边际产业内贸易指数植入一般均衡模型，将产业内贸易与产业内调整相联系，发现以前关于产业内贸易只会导致产业内调整的假设并不成立，产业内贸易通常会引发产业间调整，同时，增加的产业内贸易通常会导致相对要素价格的长期变化。另外，Brulhart 和 Thorpe（2000）以及 Erlat（2003）分别对马来西亚和土耳其数据的检验结果也都与 SAH 相背离。

国内学者对调整成本的研究大体分为两种类型：一是通过对产业内

贸易指数的测算来评估中国制造业调整成本的高低，如佟家栋等（2006）、莫莎等（2010）分别研究中国与日韩及中美不同行业调整成本的大小，但两者得出的结论相反；二是研究贸易自由化对中国调整成本的影响，也就是验证“平滑调整假说”在中国的适用性，如朱晶等（2010）、孙孟（2011）的研究都证实了产业内贸易的提高降低了资本、劳动力等要素的调整成本，也就是“平滑调整假说”在中国是适用的。

从以上文献的研究成果来看，“平滑调整假说”虽然在理论直觉上具有说服力，但SAH是否有效与研究所选取的国家、行业、产业内贸易水平衡量指标、劳动力调整成本代理变量及其滞后结构、相关控制变量等有密切联系。伴随贸易自由化和经济一体化进程的加速，中美经贸合作关系迅速发展，产业内贸易更是日趋活跃，而且在双边贸易中的重要性不断提高。在中美产业内贸易水平不断提高的同时，贸易自由化会给中美双边产业结构调整带来多大的影响？而在产业内贸易与调整成本关系方面，中美产业内贸易对美国劳动力市场“平滑调整”功能是否发挥作用？再联系到美国对华产业间贸易摩擦，不同产业调整成本的高低是否会导致贸易摩擦的产生？这些都是理论和实证上需要探讨的问题。

（二）产业间贸易摩擦形成动因的理论模型

“平滑调整假说”能否成立在学术界还并没有形成一致的观点，在对该假说的理论验证方面，学术界存在局部均衡分析和一般均衡分析两种分析方法。

局部均衡分析是在Neary（1985）建立的开放经济条件下特定要素模型的基础上，该模型假设产业内贸易会带来一国产业内的经济结构调整，通过分析比较产业内的经济结构调整与产业间的经济结构调整的成本差异来验证“平滑调整假说”是否成立。该模型提出调整成本的两个主要来源：劳动力在不同生产部门间的非完全替代性和劳动力名义工资的刚性，劳动力非完全替代性导致调整成本通过部门间工资的差异表现出来，劳动力名义工资刚性导致调整成本则表现为非自愿性的失业。因此，衡量贸易自由化的调整成本可直接通过观测失业或收入差距的变化来确定，如果贸易的发展能够克服以上所说的两种情况，其结果就可以大大降低贸易引致的调整成本。但造成以上两种结果的因素有很多，很难将贸易自由化对调整成本的影响效果区分开来。

苑涛（2002）认为，产业内贸易与产业间贸易调整成本的差异主要基于以下三方面的因素：一是劳动力在同一产业内的工作转换比在产业间的工作转换更容易；二是产业间的劳动力工资弹性比产业内的劳动力工资弹性更大；三是其他的生产要素在产业内进行转移也比在产业间进行转移要容易①。因此，可以认为由于第一个和第三个因素的影响，产业内贸易较产业间贸易所带来的调整成本小，也就是说“平滑调整假说”在局部均衡条件下能够成立。

一般均衡分析是建立在产业内贸易会带来产业内调整这一假设的基础上的。Lovely 和 Nelson（1999）通过对产业内贸易如何影响要素市场的分析，发现以前的文献中关于产业内贸易只会导致产业内经济结构调整的假设并不成立，产业内贸易同时也有可能会引发产业间的经济结构调整。另外，增加的产业内贸易通常会导致相对要素价格的长期变化。该模型假设存在两个规模相等的国家，存在同一个具有规模报酬递增生产函数的生产部门，而具有相同的生产可能性曲线和消费者无差异曲线，国际贸易发生前，两国国内的生产和消费都达到了均衡。国际贸易发生后，由于存在规模经济，两国的该生产部门中间产品制造商必定会减少，

① 第一个因素成立的原因在于产业内贸易的产品相似性较高，从而该产业内劳动力在技术上也具有较高的相似性，同一产业内的劳动力有更强的替代性，因此，相比劳动力产业间工作的转换，产业内劳动力工作的转换就不需要付出寻找工作、重新培训等方面的成本，如果其他条件一致，劳动力一般更愿意在产业内进行工作的调整。但是，当一些产业的劳动报酬高于原来产业的时候，产业间劳动力流动就会出现。此时，工资差异是调整成本大小的测量指标，这种差异是转换工作引起的匹配成本。对于第二个因素来说，如果产业间劳动力价格的弹性更大，随着工资水平的下降，产业间失业者就可能在比较短的时间内跨行业重新找到工作，产业内贸易所引起的调整成本比产业间贸易所引起的调整成本大。但现实是各国劳动力的价格都受到最低工资的限制，而很少有企业会把工资定在最低工资水平上，因此这一因素的影响有限。第三个因素是说由于其他的生产要素可以在产业内更容易地流动，这也就使得劳动力市场的均衡更加容易，即比起其他要素不能流动的情况，劳动力价格的调整要小，这样，第二个因素所造成的影响由于第三个因素又有所减弱。

而每个剩下的制造商的产量都会增加，这使得原来在这个部门的劳动力就多余了，此时，该部门一定会有劳动力流出，该部门的资源会被市场分配到其他生产部门。也就是说，即使所有的贸易变化都发生在产业内，但所有的调整都会发生在产业间。因此，“平滑调整假说”的一个前提——“产业内贸易引起产业内的调整”就无法满足，“平滑调整假说”也就不能成立。

马文秀（2009）通过建立美日结构调整费用模型，发现日本对美国市场出口产品的增加会导致美国国内经济和产业结构的调整，产业内的调整比较顺利，而产业间的调整则不可能顺利进行，这在一定程度上证实了“平滑调整假说”的成立。该模型认为，产业间的调整不能顺利进行的原因在于存在两方面的约束条件：一是企业经营目的的变动和特定要素的转移困难，这种调整需要花费一定的代价和时间；二是工资收入存在向下的刚性，劳动者在调整的过程中很难用较低的工资率进行再雇佣。在两个约束条件存在的情况下，只要日本对美国出口产品剧增，就会导致美国进口竞争品价格下降、国内经济出现损失，由此产生调整成本，当这种损失过大时，美日两国就会出现贸易摩擦。

对“平滑调整假说”适用性的理论模型回顾表明，学术界对产业内贸易是否会带来较低的调整成本这一问题还存在分歧。而且针对不同国家的贸易和产业数据，该假说的实证检验结论也有所不同。具体到中美之间的贸易，中美产业内贸易水平越高是否会对美国造成更低的调整成本呢？接下来本书将利用实证模型对其进行检验。

（三）美国对华产业间贸易摩擦形成动因的实证检验

对“平滑调整假说”进行实证检验的关键是对调整成本和产业内贸易这两个变量指标的选择。在产业内贸易变量指标的选择上，由于调整成本本身是一个动态的概念，所以，动态的边际产业内贸易指数应该是一个较理想的变量，而且实证研究（Brulhart，2000；Brulhart and Elliot，2002）也表明，边际产业内贸易指数比静态的 G-L 指数能够更好地反映调整成本。调整成本变量的选择，不仅要反映行业就业量的变化，还要反映行业内劳动力构成的变化，Brulhart 和 Thorpe（2000）运用行业内就业变动量作为变量，Brulhart，Murphy 和 Strobl（2004）用工作变动作为变量，其结果都获得了显著性。产业结构调整是一个中短期的问题，此时生产要素的供给会相对缺乏弹性，为解决这一问题，Brulhart（2000）通过实证研究证明以一年为间隔期的数据在 SAH 检验上具有最为显著的结果。

1. 模型的建立

在“平滑调整假说”是否成立的实证研究中，劳动力调整成本代理变量的选取对于研究结论具有至关重要的影响。对于调整成本的代理变量的选择，在行业层面上，现有研究一般采用就业量的差分变量（ΔEMPL），但与边际产业内贸易指数相同，SAH 强调的是变化量，而不是变化的方向。Brulhart 和 Thorpe（2000）使用就业量变化的绝对值（DEMPL）作为代理变量对 SAH 的检验取得了理想的结果，此后的研究大多沿用这一方法。本章借鉴 Brulhart 和 Thorpe（2000）一文中的实证模型，使用 LDEMPL 用于代替劳动力市场中的调整成本，这是基于我们假设劳动力跨产业流动成本与工资支付的净变化量之间具有固定的比例，并且，这一比例在任何时间段内的任何产业之间都是不变的。该变量表示 i 产业从第 t-n 到 t 年就业量变化绝对值的自然对数。

对于解释变量的设定，最重要的是产业内贸易指数（IIT）的选择。由于调整成本是一个动态的变化量，对 SAH 的检验一般采用边际产业内贸易指数（MIIT）作为代理变量，这是因为它的大小并不取决于贸易的构成，而取决于不同时期内贸易流的变化情况。许多研究表明，边际产业内贸易指数与调整成本相关性更强，但作为比较，本书选择 IIT 和 MIIT 分别进行回归。该变量预估值为负数，因为根据“平滑调整假设”，当某产业的产业内贸易水平越高时，其调整成本越小，也就是说，其调整所造成的就业量变化越小。

劳动力调整成本除了与产业内贸易水平相关外，还受到其他经济因素的潜在影响，本书引入显性需求变化、劳动生产率变化、对外经济依赖度等控制变量。

显性需求变化以 LDCONS 表示，它是 i 产业从第 t-n 到 t 年预计国内消费量变化绝对值的自然对数，计算公式为 CONS = Q + IM - EX，其中，Q 是指该产业本年的总产出，IM、EX 分别表示该产业本国该年的进口和出口量。该变量预估值不确定，这是因为在其他变量不变时，国内消费量增加的原因可能是由于本国产出水平或进口量的增加也可能是本国出口量的减少。

劳动生产率变化以 LDPROD 表示，它是 i 产业从第 t-n 到 t 年劳动生产率变化绝对值的自然对数，劳动生产率以单个劳动者一年内的产出表示。该变量预估值为正数，这是因为劳动生产率的提高会导致对劳动力需求的减少。

对外经济依赖度以 LTREX 表示，它是 i 产业 t 年贸易开放度的自然对数，表达公式为 TREX = (IM + EX) /Q。贸易开放程度越高，意味着企业将面临更多竞争压力，因此，企业为了适应必须更为频繁地做出调整。但与此同时，对外经济依赖度的提高会减少本国劳动力产业内调整的压力，因此，该变量预估值不确定。由于产业内贸易水平较高的产业，其对外经济依赖度也较高，两者可能会形成一定的交叉，因此检验时分别增加了两者的交叉项。

在实证模型的构建上，本书借鉴 Brulhart 和 Thorpe（2000）在分析马来西亚产业内贸易时所采用的模型对中美贸易数据进行检验，模型表示为：

$$LDEMPL_{it} = \beta_0 + \beta_1 IIT_{it} + \beta_2 LDCONS_{it} + \beta_3 LDPROD_{it} + \beta_4 ITREX_{it} + u_{it} \quad (7-18)$$

由于我们只知道劳动力调整成本方程向均衡调整时的变化水平，而无法得知就业方程在均衡点间的动态转化过程，应在解释变量中引入本解释变量滞后项（Faustino and Leitao，2009），为了增强模型的稳健性，我们将模型进一步演化为如下的动态回归方程：

$$LDEMPL_{it} = \beta_0 + \beta_1 LDEMPL_{it}(-1) + \beta_2 IIT_{it} + \beta_3 LDCONS_{it} + \beta_4 LDPROD_{it} + \beta_5 LTREX_{it} + u_{it} \quad (7-19)$$

出于数据准确性和可获得性考虑，本书根据北美产业分类标准三位码（NAICS Rev.3）对 2002~2010 年美国除农产品之外的 19 个（313~316 项、321~327 项、331~337 项、339 项）制造行业数据进行统计，就业量数据选自美国劳动统计局网站（http：//www.bls.gov），其他经济数据选自美国经济分析局网站（http：//www.bea.doc.gov），总数据样本量 855 个。为消除或缓解时间序列的异方差性，模型中的数据除产业内贸易指数外均采用自然对数形式。在时间间隔的选择上，本书在数据统计上均以 1 年为时间间隔期。

2. 调整成本对美国对华产业间贸易摩擦适用性的检验

利用 EVIEWS6.0 软件对方程（7-18）的面板数据固定效应和随机效应进行估计，通过 Hausman 检验，本书选择了固定效应模型的结果，估计的结果如表 7-5 所示。

表 7-5 平滑调整假说的检验：固定效应模型

变量	IIT		MIIT	
	无交叉项	有交叉项	无交叉项	有交叉项
C	7.88* (3.54)	8.53* (3.47)	7.24** (2.19)	7.78* (2.51)
LDCONS	-0.15*** (-1.70)	-0.15*** (-1.67)	-0.16*** (-1.79)	-0.16*** (-1.82)
LDPROD	0.10 (0.97)	0.09 (0.78)	0.15 (1.34)	0.13 (1.07)
LTREX	-1.59* (-5.95)	-1.44* (-4.08)	-1.50* (-5.66)	-1.42* (-4.55)
G-L	-2.86*** (-1.92)	-5.06 (-1.34)	—	—
G-L × LTREX	—	-0.46 (-0.66)	—	—
A	—	—	-0.82*** (-1.84)	-1.50 (-0.96)
A × LTREX	—	—	—	-0.15 (-0.45)
观测值	171	171	171	171
调整后的 R^2	0.45	0.44	0.45	0.44

续表

变量	IIT		MIIT	
	无交叉项	有交叉项	无交叉项	有交叉项
F 统计（p 值）	5.14 (0.00)	4.91 (0.00)	5.11 (0.00)	4.86 (0.00)

注：①受篇幅限制，模型截距没有报告；②各估计值括号内的数值为该变量回归的 t 统计值；*、**、*** 分别表示该变量在 1%、5%、10%的置信水平上显著，没有符号的表示在 10%的水平上不显著。

表 7-5 的回归结果表明：无论是以 G-L 值，还是以 A 值衡量的产业内贸易指数，对就业量变动都具有负向影响，在不考虑交叉项的前提下该变量在 10%的水平上都是显著的，产业内贸易指数对劳动力就业量变动具有明显的抵减作用，中美产业内贸易水平提升 1%会带来美国制造业 2.86%的就业量变动的减少，或者说中美新增贸易中产业内贸易水平提升 1%会带来美国制造业 0.82%的就业量变动的减少。这一回归结果意味着，产业内贸易水平越高对就业量的变化影响就会越小，“平滑调整假说”适用于中美贸易情形。但增加交叉变量后，虽然该变量的实际值与预估值的符号相同，但统计结果均不显著，说明中美产业内贸易水平与美国对外经济依赖度相关性不强。

其他控制变量的回归结果显示：消费量变动（LDCONS）对就业量变动具有显著负向影响，说明美国国内消费量越大，其对就业变动的影响越小，表明美国的国内消费量的增加可能主要来自于进口量的增加；劳动生产率变动（LDPROD）对就业量变动有正向影响，但该变量在四个模型中均不显著；对外经济依赖度（LDTREX）对就业量变动具有显著的负向影响。

为了解决宏观数据所带来的模型内生性问题，并确保在动态模型中的随机干扰项不存在序列相关性，本书使用目前在学术界应用越来越广泛的 GMM 计量方法。利用 STATA 软件对方程（7-19）的动态面板数据采用 SYS-GMM 方法进行回归，估计结果如表 7-6 所示。

表 7-6 平滑调整假说的检验：动态面板模型

变量	IIT	MIIT
C	8.49* (3.95)	7.32*** (1.83)
LDEMPL（-1）	0.22 (1.48)	0.33** (2.29)
G-L	-5.88* (-3.14)	—
A	—	-1.74* (-2.63)
LDCONS	-0.13 (-1.08)	-0.19 (-1.53)
LDPROD	0.10 (0.59)	0.28 (1.58)
LTREX	-0.92* (-2.88)	-0.35 (- 1.49)
Sargan 检验	9.14 (0.99)	8.91 (0.99)
观测值	152	152

注：各估计值括号中的数值表示 z 统计量，*、**、*** 分别表示该变量在 1%、5%、10%的置信水平上显著，没有符号的表示在 10%的水平上不显著。

表 7-6 中的 Sargan 检验结果表明所有模型均通过检验。系统广义矩估计结果表明，就业变化量的滞后变量对当期变量的影响在以 MIIT 为解释变量时显著为正，但在以 IIT 为解释变量时则不显著，说明边际产业内贸易指数对调整成本的测度更为精确，因此，下文在进行理论解释时采用 MIIT 模型的回归结果。边际产业内贸易指数对就业量变动都具有负向影响且在 1%的置信水平下统计显著，中美新增贸易中产业内贸易指数上升 1%会带来劳动力要素调整成本下降 1.74%，这一结果比固定效应模型的回归结果（0.82%）更大，说明在考虑就业量变动自我调整的条件下，产业内贸易对劳动力要素调整成本的影响更大，而这一条件也更符合现实情况。其他控制变量回归结果的符号与固定效应模型一致，但统计上均不显著。

中美产业内贸易对美国劳动力要素调整成本的回归结论对“平滑调整假说”的验证表明，中美新增贸易中产业内贸易水平较高，由贸易自由化带来的劳动力要素调整成本较低，“平滑调整假说”适用于中美贸易情形。这一结论意味着，在中美产业内贸易水平较低的行业，自由贸易带来的劳动力要素调整成本较大，造成这一群体较大的贸易损失，而对中国进口产品实行贸易限制就成为它们的利益诉求，这导致了美国对华产业间贸易摩擦的形成。

3. 产业内贸易是否比产业间贸易带来的调整成本更低

以上两个模型对“平滑调整假说”的验证表明，SAH 适用于中美贸易情形，但模型对贸易自由化带来的调整成本的测度较为笼统，没有区分产业内和产业间贸易行业各自对调整成本影响的大小，有必要对产业内和产业间贸易行业分别进行回归以比较两者之间存在的差别。基于此，本节接下来将上述面板数据库中 19 个制造行业的产业内贸易水平大小分为两个小的面板数据库分别进行回归，其中，将 IIT 指数大于 0.5 的行业划分为产业内贸易行业（7 个截面数据），IIT 指数小于 0.5 的行业归类为产业间贸易行业（12 个截面数据）。回归结果如表 7-7 所示。

表 7-7　产业内与产业间贸易行业调整成本的检验：动态面板模型

变量	产业内贸易行业	产业间贸易行业
C	10.27*** (1.76)	9.15** (1.85)
LDEMPL（-1）	0.45** (2.11)	0.19** (2.05)
A	-0.58*** (1.79)	-7.37* (-3.68)
LDCONS	-0.34 (-1.48)	-0.17 (-1.22)
LDPROD	0.23 (0.80)	0.14 (0.65)
LTREX	-0.15 (-0.30)	-0.72* (-2.60)

续表

变量	产业内贸易行业	产业间贸易行业
Sargan 检验	17.28 (0.19)	18.81 (0.20)
观测值	56	96

注：各估计值括号中的数值表示 z 统计量，*、**、*** 分别表示该变量在 1%、5%、10%的置信水平上显著，没有符号的表示在 10%的水平上不显著。

表 7-7 中的 Sargan 检验结果表明所有模型均通过检验，系统广义矩估计结果表明，就业变化量的滞后变量对当期变量的影响在 5%的置信水平下均显著为正，就业变化量的自我调整明显。两个模型的结果均显示产业内贸易调整成本具有负向影响且统计上显著，但从影响程度的大小来看，产业间贸易行业产业内贸易水平每提升 1%会带来就业量变动减少 7.37%，比产业内贸易行业的影响大 12 倍（0.58%），说明产业内贸易行业比产业间贸易行业由贸易自由化带来的调整成本低得多。其他控制变量回归结果的符号与固定效应模型一致，但统计上大多不显著。

总体来看，“平滑调整假说”对中美贸易数据和美国国内的产业数据的分析表明：中美产业内贸易指数较大的产业对贸易自由化所带来的劳动力调整成本较小，而产业内贸易指数较低的产业调整成本则相对较高。结合第二章对产业内贸易与美国对华贸易摩擦相关性的研究，可以初步得出结论：在中美产业内贸易水平较低的行业中，只要中国对美国出口产品剧增，就会导致美国进口竞争品价格下降、国内经济出现损失，促使美国在相关行业进行产业结构调整并由此产生调整成本，而在这些行业中由于劳动力要素调整成本较大，贸易损失也较大，中美两国就会频繁地发生贸易摩擦，相反，在产业内贸易指数较高的行业由于劳动力要素调整成本较小，所导致的贸易摩擦也就较少。因此，由中美贸易额剧增及贸易自由化给该行业带来的较大的劳动力要素调整成本，而要素所有者在中美贸易中承受较多的贸易损失是美国对华产业间贸易摩擦的动因。

三、本章小结

本章通过建立产业内贸易条件下的异质性企业固定出口成本模型，分析保护性贸易政策对不同生产率企业影响，并运用美国企业层面的面板数据，探讨美国出口与非出口企业贸易利益分配对美国对华产业内贸易摩擦形成动因的影响。理论分析的结论表明，在双边进行产业内贸易的条件下，对非出口企业而言，关税的征收不仅能够促使其产量提升，同时能够带来利润增加，因此，只要游说成本低于关税利得，由各种非出口企业组成的利益集团就有动力在贸易政策制定时游说相关的政治团体，由此可能导致贸易保护主义措施的出台；对高生产率出口企业而言，关税的征收会减少其总利润，只要游说成本低于征收关税带来的利润损失，由各种高生产率出口企业组成的利益集团就有动力在贸易政策制定时进行游说，以阻止贸易保护主义措施的出台；对于生产率较低的出口企业来说，其对贸易保护主义措施和贸易开放政策的偏好则不明确。

从保护性贸易政策对美国异质性企业影响实证检验的结果来看，美国对华反倾销会大幅度提高从中国进口产品的价格，从而使本国受保护行业中的企业受益，同时，保护性贸易措施会提升非出口企业的生产率，但一定程度上会降低出口企业的生产率。该实证结论进一步证实了保护性贸易政策给出口与非出口企业带来不同的贸易利得是美国对华产业内贸易摩擦产生的动因。

运用中美之间的贸易数据和美国国内的产业数据对“平滑调整假说”进行的实证检验结果表明，中美新增贸易中产业内贸易水平较高，由贸易自由化带来的劳动力要素调整成本较低，“平滑调整假说”适用于中美贸易情形。通过分别对产业内和产业间贸易行业调整成本大小进行回归，本章发现，在中美产业内贸易水平较低的行业，只要中国对美国出口产品剧增就会导致美国进口竞争品价格下降、国内经济出现损失，促使美国在相关产业进行调整并由此产生调整成本，而在这些行业中，由于劳动力要素调整成本较大，中美两国会频繁地发生贸易摩擦。相反，在产业内贸易指数较高的行业由于劳动力要素调整成本较小，所导致的贸易摩擦也就较少。因此，由贸易自由化带来的劳动力要素调整成本较大，要素所有者在国际贸易中承受较多的贸易损失是产业间贸易摩擦的动因。

总体来看，美国对华产业内贸易摩擦和产业间贸易摩擦的形成动因都是由贸易政策带来的贸易利益分布不均导致，但两者间仍存在以下两点差异：

第一，两种类型贸易摩擦形成动因的前提基础存在绝对差异。对美国对华产业内贸易摩擦的分析，建立在保护性贸易政策的前提基础之上；对美国对华产业间贸易摩擦的分析是建立在自由贸易政策的前提基础之上。之所以这样做，是因为传统贸易理论建立在无贸易壁垒的完全竞争市场基础之上，它只能解释以要素禀赋为基础的国际贸易及贸易保护的产生，而无法解释双向产业内贸易的产生，更不可能为产业内贸易摩擦的产生提供理论基础；新贸易理论的理论基础则放宽了这些假设，通过引入运输成本、关税政策等因素解释新型国际贸易及贸易保护的产生，这就为我们对美国对华产业内贸易摩擦的形成动因进行解释提供了可能性。

第二，两种类型贸易摩擦影响的利益群体不同。一般来说，国际贸易带来的结果是“双赢”，而贸易摩擦之所以产生则主要是由于贸易利益的分配不均导致。在美国对华产业内贸易摩擦中，由于双边贸易发展而产生贸易损失的是国内非出口企业，这是因为中国进口产品的增加挤占了其原来的市场份额，从而导致利润下降；而获取贸易利得的则是国内出口企业，这是因为中国进口产品进入的同时也增加了其在中国市场获利的机会。在美国对华产业间贸易摩擦中，由于双边贸易发展而产生了贸易损失的本行业各种生产要素的持有者，这是因为在这些行业中，中国进口产品更具有比较优势和竞争优势，也就使得他们必须进行产业调整，而调整的成本往往较高从而贸易损失较大；获取贸易利得的主要是本国消费者，但在政策制定过程中消费者的利益往往容易被忽视。

第八章
产业内贸易摩擦的形成机制

所谓形成过程（Process）是指事情进行或事物发展所经历的由量变到质变或部分质变的一系列阶段。在这些阶段中，主体通过各种手段对客体施加影响，最终达到客体产生质变的目的。在经济学中，过程被定义为输入转化为输出的系统，输入和输出之间是增值转换的关系，过程的目的实现增值。本章对美国对华贸易摩擦形成过程进行研究，意在解析不同利益集团的游说是如何为不同利益集团在贸易政策的制定中实现自身利益增值，进而导致贸易摩擦这一输出结果。

第四章从产业内贸易理论的“异质企业”和“调整成本”两个前沿方向出发，分别运用理论和实证相结合的方法分析不同产业内贸易水平的行业中贸易摩擦形成的动因，但产业内贸易理论无法完全解释贸易摩擦形成的过程，学术界开始引入贸易政治经济学分析方法。本章首先通过对贸易政治经济学理论经典文献的回顾，简述利益集团在贸易政策制定过程中发挥的作用，以增强我们对贸易摩擦背后的动态政治经济过程的理解；其次对美国对华产业内贸易摩擦中的企业利益集团进行归类，通过扩展一个政治经济模型来推导企业利益集团游说行为引起产业内贸易摩擦的详细过程，并运用中美轮胎贸易摩擦案例加以说明；再次对美国对华产业间贸易摩擦中的行业利益集团进行归类，将保护待售模型运用到美国对华产业间贸易摩擦的形成过程中，并以中美纺织品贸易摩擦案例进行论证；最后对产业内贸易摩擦和产业间贸易摩擦形成过程进行比较，分析两者之间存在的差异。

一、贸易政策的政治经济学分析

产业内贸易理论在一定程度上解释了美国对华产业内贸易摩擦和产业间贸易摩擦形成的动因，说明了国际贸易的各参与方在贸易过程中的利益得失是美国对华贸易摩擦发生的根源。但是，现有贸易理论主要解决贸易自由化给贸易国带来的福利增长问题，而不研究保护性贸易政策是如何形成的这一问题，单纯利用传统贸易理论已经完全无法解释贸易摩擦的形成过程，因此，经济学家们开始引入贸易政治经济学分析方法。贸易政治经济学从收入分配的角度出发，引入公共选择的政治经济学理论范式，在纯贸易理论与政治学框架间搭起桥梁以分析贸易政策决策的“内生”过程以及结果，从政治决策过程的角度探究贸易干预的水平、结构、形式和变化（王亚飞，2009）。贸易政治经济学的核心思想认为，现实中贸易干预政策在社会公共选择过程中优于自由贸易政策的根源必须从政治市场中寻找答案，包括国家非经济效率目标和社会利益的分配及冲突（盛斌，2001），其中，对“利益集团”的研究是该理论的核心内容之一，这种分析方法增加了我们对贸易摩擦动态形成过程的理解。

（一）贸易政治经济学与贸易政策

按照公共选择理论的逻辑，贸易政策的制定首先要考虑谁是受益者或受损者，因此，通过相对价格变动产生的贸易政策的收入分配效应（H-O-S 模型和 Jones-Neary 模型）就成为理论分析的起点（盛斌，2001）。在利益集团影响贸易政策的内生形成过程方面，许多学者提出了不同的政治经济学模型，这些模型为我们对美国对华贸易摩擦形成的过程进行研究提供了坚实的理论基础。

Findlay 和 Wellisz（1982）建立的关税形成函数模型认为，利益集团可通过投入相应的游说支出对政策决策部门进行游说，从而使得政府制定的贸易政策偏向自身利益，因此，利益集团对政府决策部门的游说对贸易政策的制定具有决定性的影响。该模型认为进口竞争行业利益集团对政府进行游说的目的是为了得到保护性贸易政策，出口行业利益集团对政府进行游说的目的是为了得到自由贸易政策，双方围绕关税水平进行竞争，最终的关税税率由对立利益集团的游说支出和能力决定，因而关税对立利益集团相互政治斗争的结果，政府在此过程中不起主导作用。进口竞争产业和出口产业利益集团围绕关税进行游说，进口竞争产业利益集团游说支出越高，关税水平越高，出口产业利益集团游说支出越高，关税水平越低。在这一过程中，进口竞争产业利益集团和出口产业利益集团根据各自的福利函数进行非合作博弈，提供各自认为合理的游说支出获取自身预期净收益的最大化，最终的关税水平就是双方非合作博弈情况下的纳什均衡解。

但关税形成函数模型最大的缺陷在于对利益集团的福利水平缺乏具体的函数形式的定义，因此，Grossman 和 Helpman（1997）再次将特殊要素模型引入其所建立的“保护待售”(PFS）模型，给出了进口竞争产业和出口产业利益集团福利水平的函数形式。PFS 模型的结论表明，最终贸易政策的制定由利益集团双方的游说支出和能力决定，只有当支持保护性贸易政策的进口竞争利益集团的游说支出和能力超过支持自由贸易政策的出口利益集团时，政府才会提供保护性贸易政策。

Hilman（1982）建立的政治支持函数模型认为，政府贸易政策制定的目标是为了寻求政治支持最大化的自利动机，而不是为了追求社会总福利水平的最大化，但保护性政策给衰退产业带来的最终结果可能不是延缓或保护，而是加速了这些产业的衰退。政治支持函数模型以 Stigler（1971）与 Peltzman（1976）提出的经济管制理论为基础，认为利益集团可通过向政府提供政治支持影响政府的贸易政策，即政府在贸易政策制定过程中如何最优化关税税率。这是因为当关税水平提高时，政府虽然可以得到来自产业利益集团的政治支持，但过高的关税水平损害了消费者（选民）的利益；而当关税水平下降时，政府虽然可以满足消费者（选民）的利益，但却无法获得由产业利益集团提供用于竞选的政治献金。因此，政府为了满足其政治支持最大化，需要在产业利益集团与消费者（选民）之间做出权衡，即选定一个均衡的关税水平，使得来自产业利益集团与消费者（选民）的总体政治支持最大化，政府贸易政策制定的目标便是设定一个适中的关税水平，从而使获得来自产业利益集团的边际政治支持与来自消费者（选民）的边际政治支持相等，达到总体政治支持函数的最大化。此后，Long 和 Vousden（1991）在一般均衡框架下对模型进行优化，运用政治支持最大化的条件得出了最优关税水平，并证实了衰退产业将继续衰退的结论。

Magee，Brock 和 Young（1989）提出的政治竞争模型（MBY 模型）认为，得到来自企业利益集团政治捐献的政党需要为其提供关税保护。在这一过程中，只有当因关税上升导致的市场扭曲效应而减少的政治投票等于因利益集团捐献增加而增加的政治选票时，政党为企业利益集团提供的关税水平达到最优（李增刚，2002）。该模型假定存在两个政党，不同利益集团贸易政策偏好既定且政治捐献数量取决于各自收益最大化期望值，不同利益集团对不同政党的政治捐献决定一个政党是否能够获得政治竞选，即一个政党最终是否获得选举胜利取决于自己和对方能够得到来自不同利益集团的政治献金数量，而能够获得的政治献金数量又取决于各自的贸易政策偏好。因此，可以通过求解两个利益集团最大化的期望收益和两个政党最大化政治竞选获胜可能性的均衡解，得出两个政党选择的贸易政策。Hillman 和 Ursprung（1988）在 MBY 模型的基础上通过引入外国利益集团这一外生变量对模型进一步扩展，认为政党候选人为了最大化政治竞选获胜的可能性也会对外国利益集团对本国贸易政策的游说活动做出回应。

Grossman 和 Helpman（1992）提出保护待售模型（Protection For Sale，PFS）并在此后的一系列文章中对其进行完善，从贸易政策的需求方（利益集团）和供给方（政治家）分析了贸易政策的形成过程，模型认为，本国政府不仅最大化国民福利而且还关心每个利益集团的捐献，利益集团只捐献给执政政府的目的在于影响政府的贸易政策。该模型在政治支持函数模型的基础上，假定政府目标函数中选民福利或利益集团的运动捐献权数是确定的，并且明确了政府关注不同特殊利益的过程，即有组织的利益集团提供政治捐献而政治家评价其在未来选举中的价值。政府的实行关税政策的目的是使得社会总福利与总捐献的加权和最大化，而单个利益集团的捐献水平受不同贸易政策预期激励的影响，取决于政府对贸易政策的选择，因此，在给定其他利益集团捐献水平的条件下，每个利益集团的捐献将达到最优（吴韧强，2007）。在这个过程中，政府和利益集团都按照自身利益最大化原则行事。这一模型在现有文献中被广泛接受，一方面是因为允许在一个一般性的均衡框架内的内生性选择，另一方面是因为它得出了可以使人接受的结论：最优关税只是由总体变量和特殊部门的特征决定（余淼杰，2009）。

在此基础上，Gawande，Krishna 和 Robbins（2004）以及 Matschke 和 Sherlund（2006）分别对 PFS 模型进行了扩展，分析了存在外国利益集团政治和工会力量游说的条件下，外国利益集团和工会力量对本国贸易政策的影响。模型的结论表明，就美国贸易政策而言，外国利益集团和工会力量在其制定过程中发挥了重要作用。

（二）利益集团及其对贸易政策的影响

在现有的研究文献中，利益集团（Interest Groups）有时也称作“特殊利益集团”（Special Interests）、“压力集团”（Pressure Groups）或“院外集团”（Lobbying Groups）。对利益集团现象最早的研究来自詹姆斯·麦迪逊，他认为，利益集团就是“为某种共同的感情或利益所驱使而联合起来的一定数量的公民，不论他们占全部公民的多数还是少数，他们的利益是同其他公民的权利或社会的长远的和总的利益相左的”（孙大雄，2004）。另外，格拉汉姆将利益集团定义为“为了寻求或主张代表一种或几种共同利益或信念的公众或团体的组织”。本书中，我们这样定义：利益集团是指具有共同利益或目标的社会成员为一定的目的而结成的影响政府政策制定的有组织的集体。

在利益集团对贸易政策的影响过程方面，学者从以下三条路径展开：一是“要素”路径，在贸易政策的制定过程中，相同要素所有者具有相同的贸易政策偏好（宋国友，2004），比如在H-O模型中充裕要素生产者会从贸易中获益，稀缺要素所有者则会受损，因而由不同要素所有者的集合形成的利益集团会在贸易政策上有不同的偏好；二是“行业”路径，由于突破了“要素”路径下生产要素可以在行业间自由流动的假设，该路径主要解决“要素专有性”问题，Ricardo-Viner模型证明在要素不能完全自由流动条件下，贸易增长会使得投入出口行业专用要素的所有者偏向自由贸易政策，而投入进口竞争行业专用要素的所有者则会偏向保护性贸易政策；三是“企业”路径，由于突破了“行业”路径下“企业同质”的假设，这一路径主要解决“企业异质性”问题。Milner（1988）认为，那些最少依赖出口的企业或企业利益集团往往通过要求贸易保护以回应进口商品的竞争，那些出口型企业或企业利益集团对待贸易增长的政治游说偏好则会阵营分化——有些倾向贸易保护而另一些希望自由贸易，出口及跨国经营性公司则偏好贸易自由和增长。现有文献大多是在传统贸易理论或新贸易理论的基础上，从“要素”或“行业”路径解析利益集团对贸易摩擦形成的影响，而从“企业”路径解释贸易摩擦形成过程的文献则不多见。

在利益集团对贸易政策影响的理论研究方面，Stigler（1971）和Peltzman（1976）先后强调了利益集团（压力集团）对一国贸易政策制定的重要影响，并指出政府制定的最终贸易政策很少是为了追求社会总福利水平最大化的自由贸易政策，而是能使其获得的政治支持最大化的保护主义政策，这些贸易政策反映的通常是那些最有影响力（政治捐献最多）的利益集团的利益。Becker（1983）建立的一般均衡模型认为，利益集团的政治压力及其政治投入与成员人数正相关，集团对政治产出的影响取决于由集团政治活动的相对效率决定的政治压力对比，政治活动效率相对较高的集团政治影响也较大（史小龙，2005）。孙广振和张宇燕（1997）建立的“领导者—跟随者”模型认为，在政策的制定过程中，立法者是领导者而利益集团是跟随者，当所有集团的总规模外生给定时（远小于总人口），立法者在一定程度上可以决定利益集团的规模，该模型得出的结论是，随着利益集团数量的增加非利益集团成员和利益集团成员的福利都将得到改善。

对于利益集团影响贸易政策的途径，在贸易政治经济学的分析框架下，许多学者在这方面进行了深入研究。由于贸易政策对不同利益集团带来不同的影响，代表不同利益集团利益的游说者或国会议员就有动力对相关政治团体进行游说（马述忠，2007）。作为不同群体的代表，利益集团影响美国贸易政策的路径主要是提出实行某项特殊的贸易政策要求，国会和行政部门做出反应，继而引发国内各不同利益集团关于贸易政策的辩论与游说，最终形成一定的贸易政策与措施（齐东锋，2006）。利益集团通过直接游说或间接游说的方式影响议员的政策倾向，进而影响国会立法，无疑是其利益表达的最主要形式（唐宜红等，2007）。利益集团的政府游说（包括立法游说、行政游说和司法游说）对贸易政策的制定也存在较大影响，但这些游说方式取得的效力主要取决于利益集团自身的资源状况及其对立法者或政治家的重要性（谭融，2002）。Hoekman 和 Kostecki（1999）研究认为，利益集团对国与国之间贸易谈判也存在较大影响，在贸易谈判开始前，国内利益集团和本国政府会先行协商本国的贸易利益所在及可能的妥协方案；在谈判过程中，利益集团还会利用各种方式参与到政府间的讨价还价中，游说本国政府偏向本集团偏好的贸易政策。

因此，在美国的贸易保护政策市场上，不同利益集团为实现各自利益各显神通，使用各种手段以确保自己的利益诉求以法案的形式得以通过，如果这项政策或措施加强了对国内相关行业的保护，则可能引发与外国的贸易摩擦。

二、美国对华产业内贸易摩擦形成的过程

上一章的研究结果表明，保护性贸易政策给出口与非出口企业带来不同的贸易利得是美国对华产业内贸易摩擦产生的动因。本节通过扩展一个政治经济模型推导企业利益集团游说行为引起产业内贸易摩擦的详细过程，原因在于企业利益集团游说行为必须通过政治决策过程来影响贸易政策制定，从根本上仍然属于贸易政治经济学分析范畴。在运用数理模型对产业内贸易摩擦的形成过程进行分析之前，我们有必要对影响该行业领域的美国国内企业利益集团进一步厘清。为进一步展开说明，我们将结合美国对华铜版纸“双反”案例详细解析美国对华产业内贸易摩擦的形成过程。

（一）美国对华产业内贸易摩擦中的企业利益集团

产业内贸易理论以产品异质性、需求偏好相似和规模经济为理论基础。在中美产业内贸易指数较高的化学化工产品、塑料塑胶制品、纸及纸制品、机械电机设备以及交通运输设备等行业在进行贸易自由化的过程中，具有规模经济优势的大企业由产品规模报酬递增带来的市场扩大、产品种类增加会使得自身获益，而对中小企业而言，由于不具有规模经济优势，国际贸易的发展会使其面临成本更低的进口替代产品的竞争，从而导致市场份额削减利润下降，因此，自由化的贸易政策会使其原有利益受到损害；相反，一旦实行保护性贸易政策，中小企业会从中获益而大企业则会受损。第三章对美国对华贸易摩擦形成动因的分析也显示，在产业内贸易摩擦发生的行业领域，生产率最低的非出口企业偏好政府实施保护性贸易政策，生产率较高的出口企业偏好自由贸易政策，生产率较低的出口企业对贸易政策的偏好则不确定。由于不同的贸易政策会

导致该行业不同生产率的企业在最终的贸易分配中占据不同的地位，因此，具有共同利益诉求的不同类型企业会组成各自的利益集团，并围绕贸易政策的偏向进行游说，而贸易政策最终的偏向结果取决于不同企业利益集团游说支出和能力的对比。

实际上，企业集团是美国利益集团中资源雄厚且极具影响力的集团。在呼吁美国对华实行保护性贸易政策阵营中，中小企业联盟和美国国内部分行业商会是主要力量，这些利益集团主要代表的是非出口企业的利益。在影响政府决策方面，它们的主要优势在于历史悠久、组织数量庞大并拥有雄厚的资金和高层次的企业专家。建立于 1895 年的“全国制造商协会”至今在大企业中占据重要地位，实际上，很多大型企业本身就是一个实力强大的利益集团。“美国商会”有下属组织 4000 个商会和贸易协会，涵盖 3.4 万个公司，450 万成员。该组织的政治工具“政治联盟”有专门人员负责组织和训练参与政治角逐的工作人员，对政府或立法部门进行游说，以限制政府对企业的干预或获取多本集团的额外保护，以及对其他利益集团或工会组织进行角逐等活动。同时，小企业集团的规模和政治影响力也在不断扩大，“全国独立企业联盟”“全国小企业联合会”等组织机构均拥有超过 50 万的会员，并建立了下属的“小企业立法委员会”，代表小企业的利益去游说国会（谭融，2002）。这些企业集团在政府和国会游说中赢得了越来越多的成功。

在传统的呼吁美国对华实行自由贸易阵营中，美国对华跨国出口或投资公司集团是该阵营的主要力量，这些利益集团大多与中国具有较为密切的经济联系，主要代表的是美国国内出口企业的利益。美国对华跨国出口或投资公司集团主要由美国具有较高竞争力的行业及行业联盟组成，主要包括航空航天、计算机、汽车、化工、电信以及农产品等美国传统的出口行业，典型代表如美国电话电报公司、波音飞机公司、国际商用机器公司、通用汽车等三大汽车公司等，这些企业或行业利益集团对华都有较大出口利益或投资利益，它们对自由贸易政策进行游说的主要目标是维护其在华良好形象以扩大在华市场份额。比如，在对华最惠国待遇谈判期间，希尔·诺尔顿公司、马纳特公司和费尔普斯—菲利普斯公司就至少为给予中国永久性政策贸易关系法案（PTNA）的游说投入了16万美元（谭融，2004），而以往很少雇用人员进行游说的高新技术公司，也与其他利益集团联合，共同推动对华自由贸易。在对华贸易关系问题上，跨国公司对贸易政策的游说具有较大优势：首先，跨国公司能够仰仗自身的力量来对政府政策的决策施加影响，如公司为社会所能提供的就业机会、为政府所能提供的税收等，政府在进行决策时需要考虑到跨国公司的企业目标与本国宏观经济目标的一致性，因此，这些跨国公司对政府决策施加的影响比其他利益集团更为有效；其次，大公司财力雄厚，也有能力从事院外活动。美国国内的这些自由贸易势力联盟构成了中美贸易政策决策过程中的一股重要企业利益集团力量。但对于这些利益集团来说，如果对华实行的贸易保护主义措施不影响到本集团对华的在华利益，就不会为对华自由贸易政策进行游说，我们从历次的美国对华产业内贸易摩擦的经历来看，这些跨国公司在舆论和社会的压力下不敢轻易发声，更不会轻易进行游说活动，只有在中国对美国贸易保护政策采取贸易报复措施的前提下，这些利益集团才会以受害者的角色被动加入对美国政府的自由贸易政策游说中。

（二）企业利益集团对贸易政策影响的理论模型

本节建立一个非出口与出口企业利益集团对政治竞选进行博弈的贸易政治经济学模型，来分析不同企业利益集团游说行为对贸易摩擦形成过程的影响。模型框架来自 Glould 和 Woodbridge（1997），该文将政党看作利益集团代理人，两个政党由两种不同类型的企业利益集团为其政治竞选提供捐赠，因此通过政党与贸易政策的直接关联，企业利益集团的彼此利益被联系起来。模型以关税为对象，对一国政府在保护性贸易政策和自由贸易政策之间选择的动态过程及均衡结果作详细的分析。本节在该模型的基础上进行修正和扩展，分析企业利益集团为实现其非市场竞争或非市场策略行为对政党进行贸易政策的游说对两国产业内贸易摩擦形成过程的影响。

1. 模型的建立

假设存在两个国家为 h 和 f，在同一行业进行异质性产品 i 的生产和贸易，两个国家之间生产的同类产品是不完全替代的；再设定两国在生产异质性产品 i 上有不同的竞争优势，故其互相出口产品 i，即 i 行业既是 h 国出口行业，也是 h 国的进口竞争行业；对 f 国来说同样也是如此。所以，行业 i 是两国实行双边产业内贸易的行业，两个国家内部都存在国内的出口企业和非出口企业（进口竞争企业）。假设在 h 国对本国生产的同类 i 产品的需求及对于 f 国出口的 i 产品需求分别是：

$$\begin{cases} P_h=\beta-\dfrac{\gamma}{S_h}Q_h+\lambda P_f \\ P_f=\beta-\dfrac{\gamma}{S_h}Q_f+\lambda P_h \end{cases} \tag{8-1}$$

其中，P_h 和 P_f 分别表示 h 国和 f 国生产 i 产品的价格，Q_h 和 Q_f 分别表示 h 国和 f 国生产 i 产品的产量，S_h 表示 h 国的市场规模，λ 表示 h 国消费者对两国产品的消费替代弹性，且 λ 值越大两国产品的消费替代弹性越大。这就意味着，如果 h 国设置的贸易壁垒引起 f 国的进口产品价格上升，则 h 国对来自 f 国进口产品的需求将大幅下降。同理，对 f 国的产品需求可以进行相同的设定。

假设该产业在两国都具有极高的进入壁垒，因此新企业无法进入该产品市场，同时，两国该行业的生产成本都为 0，在给定本国竞争对手产量水平的条件下，每个企业都选择能够使其利润最大化的产出水平。两个国家都对进口商品设置贸易壁垒（关税或其他贸易限制措施），设定 h 国和 f 国的贸易壁垒加成值为 τ_h 和 τ_f。则 h 国的出口企业以及非出口企业纳什均衡利润函数为：

$$\begin{cases} \pi_1(\tau_f)=\dfrac{\beta S_f(1+\lambda)(1-\tau_f)^2}{\gamma(1-\lambda)(2+\lambda)^2} \\ \pi_2(\tau_h)=\dfrac{\beta S_h(1+\lambda)\left(1-\dfrac{\lambda\tau_h}{2}\right)^2}{\gamma(1-\lambda)(2+\lambda)^2} \end{cases} \tag{8-2}$$

其中，π_1 和 π_2 分别表示 h 国生产 i 产品的出口企业及非出口企业纳什均衡利润函数。从方程组中可以看出：①两个利润函数都是严格凸函数，且贸易壁垒对 h 国出口和非出口企业的利润影响是不同的，f 国在该行业对进口产品设置的贸易壁垒越高，h 国出口企业的利润水平越低；与此相反，h 国在该行业对进口产品设置的贸易壁垒越高，h 国国内非出口企业的利润水平也就越高，因此，贸易壁垒在一定程度上给 h 国非出口企业提供了保护。②异质性产品 i 在两国之间的替代弹性 λ 对于出口和非出口企业利润存在不同的影响方向，对于 h 国的出口企业来说，异质产品之间的替代弹性越小，则 f 国贸易壁垒的提升会导致其利润水平上升；而对 h 国的非出口企业来说，异质性产品 i 在两国之间的替代弹性越大，则 f 国贸易壁垒的提升才会导致其利润水平上升。

2. 模型的分析

根据以上模型的设定，本章运用博弈论的分析方法探讨贸易壁垒的设置对 h 国和 f 国 i 行业参与博弈的出口和非出口企业的选择和均衡过程。假设两国初始经济状态是自由贸易，h 国为保护本国市场对异质性产品 i 的进口设置贸易壁垒（关税），这一保护性贸易政策必然会损害本国的出口企业的利益，这是因为，本国设置的贸易壁垒有可能会使得 f 国出口企业（利益集团）游说该国政府进行贸易报复。再假定一国贸易政策的制定是由该国执政党的政策偏好决定，这种偏好取决于不同利益集团的游说支出和游说水平；并假设 h 国和 f 国都存在两个不同贸易政策偏好的政党，其中一个政党是主张实现贸易保护政策，因此它们倾向于制定严格的贸易壁垒以保护非出口企业的利益，而另一个政党则主张实行自由贸易政策，因此它们倾向于降低或取消贸易壁垒以保护出口企业的利益。根据以上假定，我们可以得知一国对贸易政策的选择结果取决于两个政党之间的竞选结果，而政党是否能够竞选成功又取决于国内不同利益集团的游说支出。

以 h 国首先制定贸易壁垒为例，如果 f 国政府在本国出口企业利益集团的游说下选择对 h 国的贸易保护政策进行报复，则 h 国政府可能的应对方式有两种：妥协（NR）和反报复（R）。而f国是否选择进行贸易报复是未知的，假定f国成功进行报复的可能性为θ，则可以推导出h国出口企业和非出口企业的预期利润分别为：

$$\begin{cases} E\pi_1(R)=\dfrac{\theta\beta^2 S_f(1+\lambda)}{\gamma(1-\lambda)(2+\lambda)^2} \\ E\pi_2(R)=\dfrac{\beta^2 S_h(1+\lambda)[1+\lambda(1-\theta)(1+\lambda/4)]^2}{\gamma(1-\lambda)(2+\lambda)^2} \end{cases} \tag{8-3}$$

如果f国政府对h国设置的贸易壁垒不选择报复，则可以推导出h国的出口企业和非出口企业的预期利润分别为：

$$\begin{cases} \pi_1(NR)=\dfrac{\beta^2 S_f(1+\lambda)(1-\tau_f)^2}{\gamma(1-\lambda)(2+\lambda)^2} \\ \pi_2(NR)=\dfrac{\beta^2 S_h(1+\lambda)}{\gamma(1-\lambda)(2+\lambda)^2} \end{cases} \tag{8-4}$$

显然对于h国的非出口企业来说，由于$E\pi_2(R)>\pi_2(NR)$，因此，非出口企业利益集团都会选择游说政府进行贸易报复。但对h国的出口企业来说，是否选择游说政府进行贸易报复则取决于预期利润的大小：

$$\begin{cases} E\pi_1(R)>\pi_1(NR);\ \text{if } \tau_f>1-\theta^{1/2} \\ E\pi_1(R)<\pi_1(NR);\ \text{if } \tau_f<1-\theta^{1/2} \end{cases} \tag{8-5}$$

只有当f国的贸易壁垒$\tau_f>1-\theta^{1/2}$时，出口企业利益集团游说政府对进口产品进行贸易报复才能保护自身利益；如果f国的贸易壁垒$\tau_f<1-\theta^{1/2}$，出口企业利益集团只有通过游说政府进行贸易报复才能免遭利润损失。因此，如果$\tau_f>1-\theta^{1/2}$，则出口与非出口企业都倾向于进行贸易报复；如果$\tau_f<1-\theta^{1/2}$，出口企业和非出口企业对贸易政策的偏好则恰好相反，不同贸易政策下出口与非出口企业的利润截然不同，在这种情况下，政府对贸易政策的选择就取决于出口和非出口企业利益集团的博弈。

此外，由方程（8-4）还可以推导出，两国异质性产品i的消费替代弹性也会对贸易壁垒实行前提下该国出口企业的预期利润损害程度的大小产生作用，这是因为：

$$\partial^2\pi_1/\partial\tau_f\partial_\lambda<0 \tag{8-6}$$

所以，两国 i 产品的消费替代弹性越高，则一国贸易壁垒对本国出口企业的预期利润的影响越大，这意味着它们会投入更多的游说支出对政党竞选产生影响。

因此，一国是否实施保护性的贸易政策对本国市场进行保护的决策是由国内出口和非出口企业的游说行为决定的。一般来说，国内的出口企业利益集团会游说政府实施偏向自身利益的自由贸易政策，从而会为偏好自由贸易政策的政党提供政治献金；国内的非出口企业利益集团则会游说政府实施偏向自身利益的保护性贸易政策，从而也会为偏好保护性贸易政策的政党提供政治献金。最终贸易政策的实施取决于该利益集团支持的政党竞选结果，而这一结果则由出口和非出口企业利益集团的动态博弈决定。

3. 模型的现实解释及结论

在贸易政策制定过程中，Findlay 和 Wellisz（1982）认为，进口竞争行业利益集团对政府贸易政策进行游说的目的是获得保护性贸易政策，出口行业利益集团对政府进行游说的目的是获得自由贸易政策，进口竞争产业利益集团和出口产业利益集团根据各自的福利函数进行非合作博弈，提供各自认为合理的游说支出获取自身预期净收益的最大化，最终的关税水平就是双方非合作博弈情况下的纳什均衡解。在此基础之上，Helpman（1997）将特殊要素模型引入其中，其结论表明，当支持保护的利益集团的游说能力超过反对保护的利益集团时，政府才提供保护，在此情况下，利益集团所代表的产业的关税率与该产业的产量成正比。本节建立的模型在一定程度上验证了 Findlay 和 Wellisz（1982）以及 PFS 模型的结果。

将本节的模型运用到美国国内企业利益集团对华贸易政策的竞争，我们可以引申出这样的观点：在中美产业内贸易较高的行业中，当美国国际贸易委员会（ITC）针对中国进口产品提出反倾销（反补贴）立案调查时，代表非出口企业的利益集团和代表出口企业的利益集团将会围绕反倾销（反补贴）的终裁结果进行游说，而最终的贸易政策由利益集团双方的游说支出和游说能力决定。

在“行业”利益集团分析路径下，贸易政治经济学理论表明，与贸易受益者相比，利益受损者常常是一个更知情、更团结、更有组织的集团，他们的呼声更高，对政府的压力强度更大，政府政策也必然会更多地反映这些受损利益集团的要求（柳剑平，2009）。然而，在“企业”利益集团分析路径下，我们发现这一观点并不尽然。

在产业内贸易条件下，作为保护性贸易政策利益受损方的出口企业，只有生产率最高的那些企业才会偏向贸易自由政策，而生产率次高的企业对贸易政策的偏向则不确定，所以在对贸易政策的游说过程中出口企业利益集团的力量并不统一。而且，在美国对华贸易摩擦的涉案行业中，我们并没有发现具有超强游说能力的大型跨国企业集团，因此出口企业利益集团尽管偏好自由贸易政策但对贸易政策的游说能力偏弱。而作为保护性贸易政策利益受益方的非出口企业利益集团则专注于国内市场，一旦可以通过非市场竞争或策略（反倾销）提升自身的福利水平，他们更愿意进行游说且游说能力更强，同时，由于低生产率企业对就业市场的影响更为敏感，这也使得政府更愿意为这一利益团体提供保护性贸易政策。美国出口利益集团和非出口利益集团在游说能力上的悬殊对比使得后者在贸易政策的竞争更容易占据优势，美国对华贸易摩擦极易发生。我们在统计上也发现，2002~2010 年美国对华发起的 28 项贸易救济措施中，最终得到否定性终裁的只有 4 项。

通过以上的分析，我们可以清晰地阐释美国对华产业内贸易摩擦的形成过程：美国某家企业出于非市场竞争或非市场策略的考虑针对某项竞争性进口产品向 ITC 提出申诉，ITC 会根据申诉的内容进行反倾销（反补贴）立案调查，在调查期内，出口和非出口企业利益集团围绕各自的利益对国会和政府相关部门组织游说，根据双方游说支出和力量的对比，ITC 做出最终裁决。一旦出口利益集团的游说力量小于非出口利益集团，肯定性的反倾销（反补贴）终裁结果则会出台，产业内贸易摩擦由此形成。图 8-1 显示了美国对华产业内贸易摩擦的形成过程。

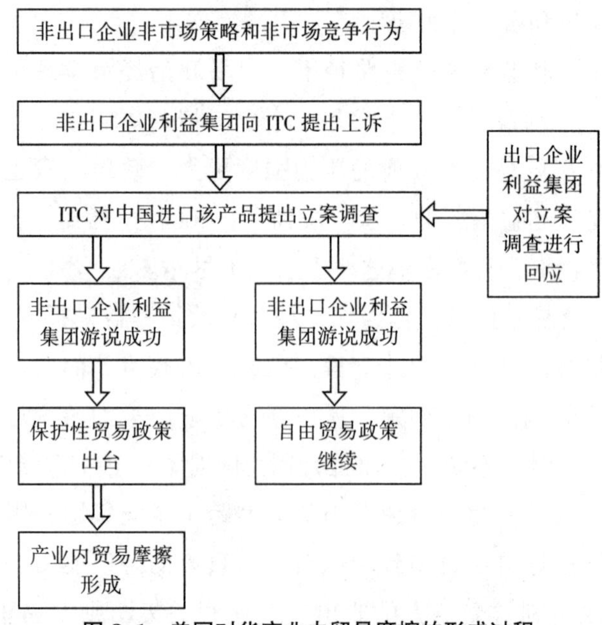

图 8-1 美国对华产业内贸易摩擦的形成过程

（三）典型案例分析——中美轮胎贸易摩擦案

2007 年 7 月 31 日，美国商务部发布通知，决定对原产于中国的新充气工程机械轮胎（New Pneumatic Off-the-road Tires）进行反倾销和反补贴立案调查①。这一贸易救济措施的实施导致中国轮胎出口企业损失惨重。

中美产业内贸易指数的分析显示，2002~2010 年中美塑胶产业的加权 IIT 指数为 0.437，2008 年中国对美国塑胶产业出口值为 31.19 亿美元，

① 2008 年 9 月 4 日，美国商务部对此做出肯定性补贴、倾销与损害终裁结果。2009 年 4 月 20 日，美国国际贸易委员会（ITC）接到美国钢铁工人联合会（USW）的申请，该申请要求对美国国际贸易委员会对中国产乘用车轮胎发起特保调查。4 月 29 日，ITC 对中国轮胎产品的特别保障措施的调查正式启动。6 月 29 日 ITC 决定对轮胎特保案救济，以中国轮胎扰乱美国市场为由，建议美国在现行进口关税的基础上，对中国进口轮胎加征从价关税。7 月 9 日，ITC 向总统和贸易代表办提交救济措施报告。9 月 2 日贸易代表办公室向奥巴马提交了轮胎特保案制裁意见，在此之前，他先后咨询财政部、劳工部、商务部等部门意见。9 月 11 日，在中国方面和美国业界的一片反对声中，美国总统奥巴马宣布对从中国进口的所有小轿车和轻型卡车轮胎实施为期 3 年的惩罚性关税，即在原有 4% 的关税基础上，今后 3 年分别加征 35%、30%和 25%的附加性关税；这一特保措施于 9 月 26 日正式生效。

进口值达 8.82 亿美元，该行业与中美整体产业内贸易发展水平类似。目前，美国国内轮胎市场可分为两大类：一类专为汽车制造商提供轮胎，另一类专为消费者提供更替轮胎。而后者又可进一步细分为高端、中端以及低端市场。据美国零售业领导者协会统计中国输美轮胎在美国消费市场中占 17%的份额，主要集中在无品牌的低端替代轮胎。近几年来，美国本土轮胎制造商已经放弃了这一利润十分有限的细分市场，而在进行产业转移抢占中高端轮胎市场。

USW 是美国最强大的工会组织之一，涵盖的会员包括钢铁、橡胶、伐木、能源等各行业的产业工人，它主要通过为本行业产业工人谋求更多岗位和更高工资来凝聚利益集团内部力量，该组织强势及会员高薪酬同时也使得北美轮胎制造成本位于全球之首。作为美国 13 家本土轮胎制造企业逾万名员工利益的代言人，USW 具备了不小的“选票仓库”潜力，奥巴马政府在总统竞选时得到了 USW 的助力，所以当其提出“轮胎特保案”时，奥巴马政府也是进退两难：如果政府支持工会，则国内总体利益受损；但反对工会，则将在医疗改革、气候变化等重大议题上失去其政治支持，同时还得到外国政府在其他行业中的报复行为，以及国际组织的压力。

据统计，中国出口轮胎在美国有 200 多家代理商，4.3 万多个零售店，为美国创造了约 10 万就业岗位，轮胎特保关闭了中国出口美国轮胎的大门，将使得 10 万员工难以避免失业的命运。该案立案调查之后，美国零售业领导者协会、美国轮胎自由贸易联盟、美国汽车贸易政策理事会和美国轮胎产业协会等业界组织纷纷就美国对华轮胎特保调查案表明立场，反对对中国输美轮胎产品采取特保限制措施。美国零售业领导者协会致函美国贸易代表柯克，就美国对华轮胎特保案发表评论，称对中国输美轮胎采取限制措施不符合美国公共利益，保护单一产业或其工人的利益将会在困难时期给美国公共安全和消费者带来损害。代表美国三大轮胎生产商（米其林、普利司通、固特异）利益的橡塑制品行业委员会也对此表示反对立场。

在中美轮胎特保案的形成过程中，USW 依据美国“421 条款”，认为中国对美国出口的商用轮胎数量大幅上涨导致了市场混乱，将轮胎行业的失业恶化归因于中国对美轮胎的长期贸易顺差，开始采取手段游说美国政府实施能够弥补集团成员利益的经济政策。同时，中国的轮胎行业竞争日益激烈使美国在华企业实际获益不断降低，一旦美国对中国实施特保，将有可能使外资企业生产环节外移，从而，中国政府对跨国企业贸易报复的威胁减小；而且，由于中国本土企业普遍生产实力与研发能力较弱，对附加值较高的美国轻卡与轿车轮胎的需求不可能迅速减少，对美国出口企业利益集团的利益损害较小，导致这些出口企业利益集团对本国自由贸易政策的游说力度必然降至最低。从非出口和出口企业利益集团的游说力量的对比来看，非出口企业利益集团占据绝对优势，因此，即使美国对华进口轮胎实行特保措施会降低国内整体福利水平，但保护性贸易措施仍然能够获得政府部门的通过。

三、美国对华产业间贸易摩擦形成的过程

第三章的研究结果表明，由贸易自由化带来的劳动力要素调整成本较大，要素所有者在国际贸易中承受较多的贸易损失是产业间贸易摩擦的动因。本节通过对 Grossman 和 Helpman（1994）及其之后一系列论文建立的保护待售（PFS）模型进行梳理，选取对论证本节命题有意义的数理模型以分析美国对华产业间贸易摩擦的形成过程。在运用 PFS 模型对产业间贸易摩擦的形成过程进行分析之前，我们有必要对影响该行业领域的美国国内行业利益集团进一步厘清。为进一步展开说明，我们将结合中美纺织品“特保”案例详细解析美国对华产业间贸易摩擦形成过程。

（一）美国对华产业间贸易摩擦中的行业利益集团

在中美产业内贸易指数较低的纺织服装产品、贱金属制品和杂项制品等行业在进行国际贸易的过程中，在面对来自中国的进口竞争产业产品的大量涌入时就会促使美国在相关行业进行产业结构调整并由此产生调整成本，对整个国内行业而言，一方面，劳动力要素所有者面临较大的失业和再就业成本，另一方面，特定要素所有者面临较大的固定资产转移成本，为维护原有利益不受损害，该行业各要素所有者必然会组织起来对贸易政策进行游说。因此，自由贸易导致利益受损者主要以行业部门的形式出现，这是因为各行业部门对于贸易政策的态度相似，具有共同的保护性贸易政策偏向，而以行业利益集团形式进行游说可以集中游说力量，同时可以节约游说成本。而在这些行业的自由贸易中，贸易受益者主要是进口贸易商会联盟、工商业联盟以及享受从中国进口廉价消费品的消费者，由于自由贸易会增加这些行业利益集团的福利水平，因此，他们更偏向于自由贸易政策的实施。

美国劳工组织、各衰退产业的产业联合会（如纺织业联合会、钢铁联合会等）以及人权和政治保守组织是最主要的主张对华实行保护性贸易政策的行业利益集团势力。美国的纺织业、小手工业等劳动密集型行业的小业主联合会、美国商业与产业理事会以及各种衰退产业组成的联合会是主张对华实行贸易性贸易政策的一股重要势力，这些衰退行业在美国的经济升级与转型过程中，出于政府对就业与低技能工人收入保护的考虑而进行资助才得以保存。为维护自身的既得利益不受中国大规模进口产品的冲击，这些规模较小但组织良好的利益集团成为了美国贸易政治中一股主要的对华贸易保护势力联盟。

与之相对的是，进口贸易商会联盟（由从华进口、在华投资加工等与中国有密切贸易往来的工商业集团组成）、工商企业联盟是主要的主张对华实行自由贸易政策的行业利益集团势力。进口贸易商会联盟主要从事中国日常快速消费品进口、经销或在华加工返销美国的商务活动，包括纺织品、鞋类、家用电器、运动器具、玩具等进口行业利益集团，这其中具有代表性的利益集团是美国鞋批发商与零售商协会、美国玩具制造商协会、零售行业贸易行动联盟等。工商企业联盟是支持对华实行自由贸易政策的另一股行业利益集团势力，但在中国加入WTO后该联盟出现分裂，高新技术和进口业、零售业继续主张积极发展稳健的中美经济关系，而受到中国产品越来越大竞争压力的劳动密集型产业和中低端资本密集型产业，转而偏向对华实行贸易保护政策。

（二）行业利益集团对贸易政策影响的理论模型

在PFS模型的基础上，G-H（1995）通过引入具有不同消费者偏好及要素禀赋的两个大国对模型进行扩展，进行两国非合作博弈的贸易战研究，为研究贸易摩擦搭建起一个良好的贸易政治经济学分析框架。贸易战实际上是一种单边主义政策，这种政策往往将外国贸易政策视为既定情况而忽略了其对贸易伙伴国国内政治、经济因素的影响，该政策的执行容易引起贸易伙伴国的不满，从而导致两国贸易摩擦的产生。因此，这种由贸易战引起的贸易摩擦强调的是政治力量对贸易政策形成的影响，一定程度上揭示了两国贸易摩擦的形成过程。本节在以上两篇文献对贸易战分析的基础上，结合中美产业间贸易的现实情况，具体解析行业利益集团对美国对华产业间贸易摩擦形成过程的影响。

1. 模型的设定

PFS模型假设h国生产n+1种商品，其中，产品i（i=1，2，…，n）有规模报酬不变特征，用劳动和专用要素投入生产，劳动者工资报酬固定不变；单位商品0只需投入劳动进行生产，其国内价格与国际价格均为1；在竞争性均衡的条件下，国内工资率为1；生产i产品所需的专用要素供给固定不变，由于工资率为1，专用要素的收入$\pi(p_i)$取决于产品i的国内价格；该国国内价格p_i与世界价格p_i^*之差反映了进口关税（出口补贴）$p_i=(1+t_i)p_i^*=p_i^*\tau_i$。假定经济中劳动力要素禀赋不同，但都具

有相同的偏好 $u=x_0+\sum_{i=1}^{n}u_i(x_i)$，其中，$x_0$ 是本国对单位产品 0 的消费，x_i 是本国对产品 i 的消费，$u_i(x_i)$ 为消费 x_i 单位产品 i 的效用函数。因此，单位消费者对产品 0 和 i 的消费者剩余为 $s(P)=\sum_{i=1}^{n}u_i[d(p_i)]-\sum_{i=1}^{n}p_i d(p_i)$，其中，$d(p_i)$ 是产品 i 国内价格为 p_i 时的国内需求且 $x_i=d(p_i)$。单位消费者收入由工资和专用要素收入两部分组成，其中专用要素收入取决于该产品国内价格并且受到关税（补贴）等贸易政策的影响。

行业 i 的专用要素所有者在贸易政策诉求上具有共同利益，假定专用要素所有者组织成利益集团，该利益集团可通过向政府实施的贸易政策向量提供政治捐献来提高 i 产品价格以提高本集团成员作为消费者的总福利。利益集团对政府进行政治捐献的目的是使其目标函数 $V_i=W_i-C_i$ 达到最大化，其中，C_i 为利益集团的政治捐献安排，W_i 为利益集团的总福利，并且 $W_i(P)=l_i+\pi(p_i)+\alpha_i Ns(P)$，其中，$l_i$ 是特殊要素所有者的总劳动收入，N 代表选民总数，α_i 是拥有这一专用要素的选民在总选民中的比重。

均衡的贸易政策是政府与利益集团之间两阶段非合作博弈的纳什均衡。在博弈的第一个阶段，代表行业 i 利益的利益集团通过向政府提供捐献菜单对贸易政策进行游说，如果政府选择偏向本集团利益的贸易政策，游说者愿意支付先前承诺的政治捐献；在博弈的第二个阶段，政府对行业 i 利益集团的游说采取行动，政府基于捐献菜单设置关税（补贴）水平，形成相应的贸易政策最大化其目标函数。在民主的政府（盛斌，2001）条件下，政治家关心政治捐献的总额和社会总福利，给定其他利益捐献安排以及政府预期的政治目标最优化时，行业 i 利益集团根据政府最优化目标函数选择其政治捐献水平。由此得到均衡的贸易政策方程（G-H，1994）：

$$\frac{t_i}{t_i+1}=\frac{I_i-\alpha_L}{\alpha+\alpha_L}\left(\frac{z_i}{e_i}\right),\ i=1,\ 2,\ \cdots,\ n \tag{8-7}$$

其中，$t_i=(p_i-p_i^*)/p_i^*$ 为产品 i 的从价关税（补贴），p_i^* 为产品 i 的世界市场出清价格；I_i 是产业 i 利益集团是否组织起来的指标，$I_i=1$ 表示已组织起来，$I_i=0$ 则表示未组织；$z_i=y_i(p_i)/m_i(p_i)$ 表示国内产出—进口（出口）量之比，m_i（p_i）为产业 i 的进口（出口）量且为 p_i 的减函数；$e_i = m_i'(p_i) \cdot p_i / m_i(p_i)$为进口需求弹性（正）或出口供给弹性（负）；$\alpha_L = \sum_{i \in L} \alpha_i$ 表示该利益集团政治上组织起来的人口比例。

2. 模型的分析

在两国贸易政策的非合作博弈中，各国都有相应的反应函数，并对外国贸易政策做出相应的国内政策反应。通过对两国的反应函数联立方程求解，可以得到非合作博弈的贸易政策均衡方程（G–H，1995）：

$$\begin{cases} t_i^h = -\dfrac{t_{iL}^h - \alpha_L^h}{\alpha^h + \alpha_L^h} \dfrac{y_i^h}{p_i^* m_i^{h'}} + \dfrac{1}{e_i^f};\ i = 1,\ 2,\ \cdots,\ n \\ t_i^f = -\dfrac{I_{iL}^f - \alpha_L^f}{\alpha^f + \alpha_L^f} \dfrac{y_i^f}{p_i^* m_i^{f'}} + \dfrac{1}{e_i^h};\ i = 1,\ 2,\ \cdots,\ n \end{cases} \tag{8-8}$$

α^h、α^f 分别表示 h 国和 f 国其他行业（公众）利益集团对政府贸易政策的游说水平。在分析中，我们假定 h 国是进口国，f 国是出口国，且两国都具有不变的进口需求弹性（e_i^h）和出口供给弹性（e_i^f）。

如果两国行业 i 利益集团均未组织起来（$I_i = 0$），那么行业 i 获得该国政府的贸易政策支持减少，并且政府支持力度预期产量成反比。这是因为 $\alpha_L^h < 1$，$m_i^{h'} < 0$，$m_i^{f'} < 0$，当 $I_i = 0$ 时，$t_i^h < t_{i0}^h$，$t_i^f < t_{i0}^f$，两国政府对行业的保护力度均减少，即 h 国对行业 i 的进口关税下降，f 国对行业 i 的出口关税提高（出口补贴减少）；由于 $\dfrac{\alpha_L^h}{\alpha^h + \alpha_L^h} \dfrac{y_i^h}{p_i^* m_i^{h'}}$ 为 y_i^h 的减函数，$\dfrac{\alpha_L^f}{\alpha^f + \alpha_L^f} \dfrac{y_i^f}{p_i^* m_i^{f'}}$ 为 y_i^f 的减函数，因此，该行业产量越高，政府对其贸易政策的支持越少。

如果 h 国行业 i 利益集团组织起来（$I_i = 1$），那么行业 i 获得该国政府的贸易政策支持增加，并且贸易政策支持力度与其产量成正比。当 $I_i = 1$ 时，$t_i^h > t_{i0}^h$，$t_i^f > t_{i0}^f$，两国政府对行业的保护力度均增加，即 h 国对行业 i 的进口关税上升，f 国对行业 i 的出口补贴提高；由于$-\dfrac{1 - \alpha_L^h}{\alpha^h + \alpha_L^h} \dfrac{y_i^h}{p_i^* m_i^{h'}}$ 为 y_i^h

的增函数，$-\frac{1-\alpha_L^f}{\alpha^f+\alpha_L^f}\frac{y_i^f}{p_i^* m_i^{f'}}$为 y_i^f 的增函数，因此，产量越高，政府对贸易政策的支持力度越大。

在贸易政策均衡方程条件下，我们考虑这样一种情形：如果 h 国（美国）行业 i 利益集团组织起来，f 国（中国）行业 i 利益集团尚未组织起来，则贸易战的最终情形会如何演绎？这一情形与美国对华产业间贸易摩擦类似，在中美产业内贸易指数较低的纺织服装产品、贱金属制品和杂项制品等行业的贸易摩擦中，美国国内相关行业利益集团往往高度组织起来对政府贸易政策进行游说，而中国国内相关行业利益集团则大多组织性不高，很多涉案企业干脆选择放弃对美国市场的出口。

当美国行业 i 利益集团组织起来时，美国政府就会接受行业 i 利益集团对保护性贸易政策的游说，增加对产品 i 的进口关税，从而使得产品 i 的进口价格上升，导致进口量的下降。由于保护性贸易政策同时也降低了国内其他行业（公众）利益集团的作为消费者的福利水平，在进口规模较大的情况下，这些利益集团会对自由贸易政策进行游说。最终的贸易政策取决于对立利益集团的游说支出和能力。一般而言，由于进口商品价格上升对单个消费者的福利水平影响较小，消费者组织起利益集团的可能性较小，因此，美国对行业 i 的贸易政策偏向行业 i 利益集团的可能性较大。

当中国行业 i 利益集团未组织起来时，中国政府就会接受其他行业（公众）利益集团对贸易政策的游说，降低对产品 i 的出口补贴，从而使得产品 i 的出口量下降，国内价格下降，提高了中国其他行业（公众）利益集团作为消费者的福利水平。由于中国行业 i 利益集团尚未组织起来时，不能有效地对政府的贸易政策进行游说，产品 i 的出口补贴还有可能进一步下降。在中美两国贸易政策的联合作用下，行业 i 的总体关税水平将会进一步提升，两国的贸易摩擦加剧。

3. 模型的现实解释及结论

国际贸易的最终目的是社会福利的改进，理论上讲，中美双边贸易自由化对中美两国整体的社会福利都是有所改进的。从产业国际转移角度看，美国将其“夕阳产业”转移到国外，对国内企业来说，可以将国内有限的资源转移到具有比较优势的资本密集型产业，提高自身的盈利能力。对国内消费者来说，可以获得更廉价的商品，从而扩大消费者剩余。而对承接国来说，国外产业的转入不仅可以提高本国经济发展水平，还可以扩大就业从整体上提升本国福利水平。另外，从新国际分工角度看，价值链的全球重构对跨国公司来说，集中资源进行某一产业或产品的高附加值环节生产可以获取更高的利润；对全球消费者来说，他们不仅可以获得更廉价的商品，还可以从生产的规模经济中获得更加多样性的选择权利。

然而，贸易利益在各个产业之间的分配是不平衡的。首先，在一些中美双边产业内贸易指数较低（大都在 0.2 以内）的“夕阳产业”中，当美国国内出于资源重新优化配置的考虑而对这些产业进行调整时，这些产业内会产生大量需要在其他产业再就业的工人，以及较多的原有资产得不到充分有效的利用，因此，对美国而言其调整成本就会较高。其次，全球价值链分工使得美国跨国公司的国内母公司专注于高附加值环节的研发和生产，对高人力资本技术含量型劳动力需求上升，对低人力资本技术含量型劳动力需求减少，而对低人力资本技术含量型劳动力来说，提升人力资本技术含量则需要较高的成本。正是由于劳动力在不同产业间的转移或同一产业内不同工作种类的转换存在较高的成本，使得贸易自由化给这部分劳动力带来较大的损失，降低了这部分劳动力的福利水平。也就是说，产业结构的调整和升级也会导致部分社会福利的损失，这也必然会造成美国国内相关就业群体以及企业群体利益所得的减少。

由于消费者边际效用递减规律存在，一国政府往往会更多地关注穷人和低人力资本技术含量型劳动力的利益和收入状况，因为他们的“1 元”能够产生比富人的“1 元”大得多的总福利，这就是福利经济学的“1 元不等于 1 元”命题（尹翔硕、李春顶，2008）。因此，在美国的经济调整与升级过程中，政府出于“加权福利”和对就业与低技能工人收入保护的考虑，使得贸易政策偏向于保护“夕阳产业”。所以，一些衰退行业在政府资助下仍然得以保存下来，为了维护自己的既得利益，结成了贸易保护势力联盟，他们对美国的自由贸易政策产生了重大影响。特别是在对华贸易问题上，他们认为美国向中国开放市场会导致中国的廉价商品源源不断地涌入，从而减少美国工人的就业机会，因而他们反对对华自由贸易政策，呼吁对中国进口产品采取限制措施。而美国政府出于“加权福利”的考虑，在某些因进口中国廉价产品而受损的行业利益集团的强大压力下，为了体现所谓的“社会公平”，就会制定相应的贸易保护主义措施，从而掀起对华贸易摩擦。

因此，通过以上模型的分析，我们可以清晰地发现中美产业间贸易对两国贸易摩擦的形成过程：在现有的国际分工体系中，一方面，美国出于产业结构调整和升级的考虑也会逐渐把一些劳动密集型的“夕阳产业”转移到包括中国在内的劳动力资源丰裕的国家；另一方面，由于中美在生产价值链上处于不同层面且无前向联系，在一些技术密集型的产业中，中国加工贸易的原材料往往并不直接从美国进口，这两方面因素使得中国在某些特定产业对美出口额十分巨大，进口额相对较小，产业内贸易指数较低。而当美国国内在对该类产业进行结构调整和升级时必然会产生较大的调整成本，并减少相关就业群体和企业群体的利益所得，从而导致代表这些就业群体和企业群体的利益集团对政府贸易政策的制定施加压力，而对中国这些产业的出口施加各种形式的贸易限制或直接要求人民币升值就成为政府缓解这种压力的出口，从而直接导致了美国对华贸易摩擦的形成。图 8-2 显示了美国对华产业间贸易摩擦的形成过程。

（三）典型案例分析——中美纺织品贸易摩擦案

以中美纺织品贸易摩擦为例，纺织业是传统的劳动密集型产业，就业人员多，容易得到政府的关注和同情。中国“入世”以来，中美纺织品服装贸易争端明显增加，美国政府在 2003 年发动 1 起、2004 年发动了 3 起纺织品设限的基础上，分别于 2005 年 5 月自主启动了 3 起，于 2006

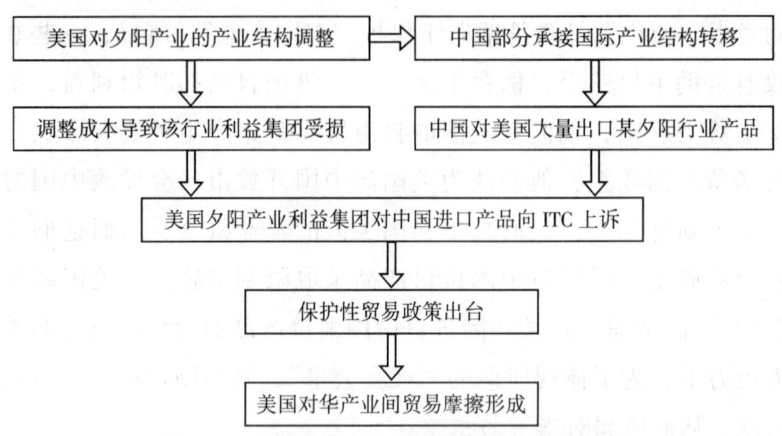

图 8-2　美国对华产业间贸易摩擦的形成过程

年 4 月、8 月接受业界申请启动了 6 起对华纺织品设限行为，对中国 25 类纺织品施行了特别保障措施和反倾销调查，涉案产品对美出口金额超过 100 亿美元。

按照本节模型的分析，中美纺织品贸易摩擦的表现如下：首先，当中国纺织品进口显著增加时，美国纺织品行业协会就会以廉价进口产品扰乱美国国内市场秩序，造成本国产业工人就业机会和收入减少为理由对行政部门提出对中国进口纺织品实施贸易限制措施；其次，依据美国纺织品行业协会提出的保护限制措施诉求，美国相关政府部门（ITC）提起对相关进口产品的立案调查，导致中美两国政府围绕贸易政策进行谈判，在此过程中，两国纺织品行业利益集团都可能对本国政府在贸易谈判立场产生影响；最后，立案调查的终裁结果就是政府在考虑本国利益集团游说基础上的博弈结果，一旦贸易保护势力利益集团在双边谈判的结果中占据优势，贸易保护主义政策就会随之出台，结果导致美国对中国进口纺织服装产品“特别保障”措施的实施。

在利益集团的组织与游说方面，美国纺织品行业利益集团在政治上容易组织起来、政治力量强大，虽然美国纺织服装行业就业人数不到就业总数的 2%，但小集团在政治上组织更有效率。美国纺织行业有许多相关的产业协会，其中最有影响力的是美国纺织品制造商协会[①]（ATMD）（罗琳，2009）。在对立法和行政部门的游说过程中，ATMD（NCTO）是美国纺织行业利益集团的主要代言人，该协会的行动目标是积极促进本行业在全球的竞争力以及增加对外国进口产品的市场准入限制，在这方面，该利益集团多次对立法者和行政部门进行游说及施压，要求政府部门通过制定和执行相关贸易条例和立法措施对中国进口纺织品实施贸易保护政策。随着总统大选等政治利益考虑，政府部门对该行业利益集团政治诉求的关注程度也在不断加强，在与中国贸易谈判中，对纺织品的保护程度不断提高（从双边到多边）、范围也在不断扩大（从棉纺织品到羊毛、化纤纺织品）。而在中国相关行业的应对措施方面，纺织行业利益集团对政府（中国和美国）决策影响相对较弱，一方面，因为纺织产业并非中国战略性行业，政府现阶段对其重视不够；另一方面，因为中国企业面对国际市场经验不足，对美国贸易政策决策规则不熟悉所致。

美方挑起纺织品贸易摩擦的一个重要理由是纺织品配额取消后，来自中国的纺织品进口影响到美国近百万蓝领工人的就业，并使1000多家纺织服装工厂有倒闭的危险，损害到相关利益集团的利益所得。对美国国内大多数的纺织企业而言，来自中国的大量廉价纺织品进口降低了国内市场的价格，使得企业的资本边际收益下降，长期来说，企业可能会转移到别的产业进行生产，而资产在产业间调整的成本则相对较高，因此中国的纺织品进口会损害到该产业内大多数企业的利益。对纺织产业的工人来说，他们的实际利益也是受损的，这是由于纺织产业整体规模的下降将直接导致工人失业率的上升，而转换工作需要较大的成本。但对其他产业的工人来说，他们的实际收益是增加的，这是因为纺织品价

---

① 美国纺织品制造商协会（ATMD）成立于1949年，1958年该协会与全国纺织联合会合并（加入了人造纤维和丝绸纺织工业），1965年与纺织面料协会合并，1971年与全国羊毛制造商协会合并、1989年与纤维研究所合并，2004年ATMI宣布解散并与美国纺纱商协会（AYSA）合并成立新的行业组织“全国纺织组织总会（NCTO）”，下设四个理事会，分别代表纤维、面料、供应商和纱线行业，并聘用Ferguson公关公司以增强其游说力量。

格的下降会导致其他产业工人福利的增加。

由于自由贸易对纺织产业的企业和工人来说其损失是明确和直接的，依据奥尔森的“集体行动的困难”原理，纺织业联合会和产业工会等利益集团形成了规模虽小但组织良好的团体，团体中的每个成员非常清楚可以获得的收益大小，他们必定会联合起来通过院外活动影响贸易政策的制定；而自由贸易对其他产业的工人来说是“公共产品”，广大的纺织服装消费者甚至并不认为自己是一个共同的利益体，他们要联合起来通过立法撤销贸易保护政策并避免“搭便车”行为的成本却极高。因此，政府政策就会倾向于对纺织产业进行保护，并通过立法限制中国纺织品的进口，贸易摩擦由此发生。这一案例在一定程度上解析了政府对利益集团利益所得的关注是如何引发美国对华产业间贸易摩擦的机理。

四、本章小结

通过第二节建立的理论模型及案例分析，我们可以清晰地解析美国对华产业内贸易摩擦的形成过程：在中美某些产业内贸易水平较高的行业中，美国某家企业或利益集团出于非市场竞争或非市场策略的考虑针对某项竞争性进口产品向 ITC 提出申诉，ITC 会根据申诉的内容进行反倾销（反补贴）立案调查，在调查期内，出口和非出口企业利益集团围绕各自的利益对国会和政府相关部门组织游说，根据双方游说支出和力量的对比，ITC 做出最终裁决。一旦出口利益集团的游说力量小于非出口利益集团，肯定性的反倾销（反补贴）终裁结果则会出台，产业内贸易摩擦由此产生。

通过第三节引入的理论模型及案例分析，我们可以清晰地阐释美国对华产业间贸易摩擦的形成过程：在现有的国际分工体系中，一方面，美国出于产业结构调整和升级的考虑也会逐渐把一些劳动密集型的“夕阳产业”转移到包括中国在内的劳动力资源丰裕的国家；另一方面，由于中美在生产价值链上处于不同层面且无前向联系，在一些技术密集型的产业中中国加工贸易的原材料往往并不直接从美国进口。这两方面因素使得中国在某些特定产业对美出口额十分巨大，进口额相对较小，产业内贸易指数较低。而当美国国内在对该类产业进行结构调整和升级时必然会产生较大的调整成本，并减少相关就业群体和企业群体的利益所得，导致代表这些就业群体和企业群体的利益集团对政府贸易政策的制定施加压力，而对中国进口产品施加各种形式的贸易限制或直接要求人民币升值就成为政府缓解这种压力的出口，同时导致美国对华产业间贸易摩擦的形成。

总体来看，美国对华产业内贸易摩擦和产业间贸易摩擦的形成过程都是利益集团的游说结果，但两者之间仍存在三点差异：

一是两种类型贸易摩擦形成过程中提出贸易政策诉求的主体不同。在产业内贸易摩擦中，企业利益集团是提出贸易政策诉求的主体，因为此类型贸易摩擦主要是由于贸易利益在非出口企业与出口企业间的不均衡分配导致；同样，产业间贸易摩擦涉及的是贸易利益在不同行业中的不均衡分配。

二是两种类型贸易摩擦的形成过程中不同利益集团的政策诉求手段迥异。在产业内贸易摩擦中，非出口企业利益集团的政策诉求手段主要是通过非市场竞争或非市场策略使得贸易政策更偏向他们的利益；在产业间贸易摩擦中，行业协会或工会组织的贸易政策诉求手段主要是院外活动和其他间接游说方式。

三是两种类型贸易摩擦中不同利益集团的受益方不同。在产业内贸易摩擦中，利益集团游说的结果往往是受益利益集团获得成功，这是因为非出口企业利益集团更专注于国内市场，一旦可以通过非市场竞争或策略（反倾销）提升自身的福利水平，他们更愿意进行游说且游说能力较强。同时，由于低生产率企业对就业市场的影响更为敏感，这使得政府更愿意为这一利益团体提供保护性贸易政策。在产业间贸易摩擦中，利益集团游说的结果是受损利益集团获得成功，这是因为与贸易受益者相比，利益受损者常常是一个更知情、更团结、更有组织的集团，他们的呼声更高，对政府的压力强度更大，政府贸易政策也必然会更多地反映这些受损利益集团的要求。

第九章
产业内贸易摩擦的缓解策略

外国对华贸易摩擦是中国出口贸易不断增长的发展过程中逐渐融合与互动的结果，虽然短期内会对中国出口行业和企业带来不利影响，甚至影响中国当前就业水平，但从长期来看，采取合理的应对策略会逐渐促进中国产业结构的优化，促使中国比较优势的动态提升。值得注意的是，全球经济危机爆发以来，发达国家尤其是美国对华贸易摩擦政治化的趋势有所增强，从对华“双反”措施的激增，到输美轮胎特保案的实施，再到《2011 年货币汇率监督改革法案》在众、参两院的通过，无一不彰显美国通过贸易摩擦手段遏制中国经济发展的政治意图。随着两国经济交往的日益增多，无论是贸易摩擦，还是在汇率问题上的政治角力，经济问题政治化的出现都有其必然性，但从美国的经济结构、当前国际分工体系下的利益分配格局及中美经济之间的相互依赖程度看，美国针对中国的贸易摩擦不可能无限升级。

尽管贸易摩擦在双边经贸发展过程中不可避免，但我们仍应看到：一方面，美国对华贸易摩擦发生的频率之高，涉案产品金额之大远远超过正常的经贸摩擦水平，给中国相关行业和企业的发展带来较为深远的不利影响；另一方面，只有积极合理的应对策略才能促使贸易摩擦涉案行业和企业改变经营策略，带动产业结构和出口结构的优化升级。因此，我们可以针对两种外国对华贸易摩擦形成的动因和过程，为双边贸易摩擦在一定程度上的缓解提供相应的应对策略。

为外国对华贸易摩擦的缓解这一难题制定有效策略选择是一项浩大

而复杂的系统工程。外国对华贸易摩擦的形成是多方面因素共同作用的结果，以往的文献仅从各自研究的角度出发对此问题提出了很多有建设性的对策建议。本书从产业内贸易与贸易摩擦之间存在的内在联系着手，将外国对华贸易摩擦划分为产业内贸易摩擦和产业间贸易摩擦，分别运用理论和实证模型解析两种贸易摩擦各自形成的动因和过程。在模型分析的过程中，我们也逐一解析了外国对华贸易摩擦的形成过程及根源所在。因此，我们应尽量避免有可能导致贸易摩擦产生的出口行为。同时，对于不同类型的贸易摩擦，我们应采取不同的应对策略。本书分别从国内产业内贸易结构优化的单边角度和利益集团游说的多边角度提出几点有可能会缓解外国对华产业内贸易摩擦和产业间贸易摩擦的策略选择。当然，贸易摩擦的最终缓解要靠企业、产业以及政府多层次全方位的共同努力。

单边是指双方或者多方中的某一方未征求其他方意见而自己单独采取一定的行为、行动、方式或政策方针。本书提出的单边策略是指国内企业、行业组织及政府应采取怎样的单方面措施以减少或避免贸易摩擦的发生。对产业内贸易与贸易摩擦的相关性分析表明，产业内贸易水平越高的行业外国对华贸易摩擦越少；反之亦然。因此，我们可以从优化和提高双边产业内贸易水平的角度为缓解外国对华贸易摩擦提供相应策略。

所谓双边指的是两国共同参与的行动。本书提出的双边策略是指在国内行业组织及政府应采取怎样的双边协调措施以防范或应对贸易摩擦的发生。对产业内贸易摩擦和产业间贸易摩擦形成动因及过程的分析表明，不同贸易政策对不同利益集团贸易利得和损失的影响是贸易摩擦形成的动因，而不同利益集团围绕贸易政策的游说是贸易摩擦能否产生的直接决定因素。因此，我们可以从参与和应对利益集团游说的角度为缓解美国对华贸易摩擦提供策略选择。

一、缓解外国对华产业内贸易摩擦的策略选择

对产业内贸易摩擦而言，优化双边产业内贸易结构可以在一定程度上缓解美国对华贸易摩擦，这是因为产业结构的优化可以促进双边水平产业内贸易的发展，从而加强中美在经济结构上的联系。从双边产业结构差异的角度对中美、中印制造业产业内贸易进行实证检验的结论表明，人均消费差异、产业规模差异以及经济外向度差异对中美产业内贸易都具有消极影响。因此，我们可以从缩小中美消费水平差异及产业规模差异的角度优化双边产业内贸易结构，并以此减少美国对华产业内贸易摩擦。消费差异水平的缩减可通过提振国内需求、优化出口结构及扩大进口需求等方式实现，产业规模差异的消弭则可通过相应的产业政策实现。

从双边策略来看，由于美国在产业内贸易水平较高的行业对华实行保护性贸易政策会提升非出口企业的生产率从而使其获益，但也会一定程度上降低出口企业的生产率从而使其受损。因此，出口和非出口企业利益集团围绕各自的利益进行游说，最终的贸易政策是双方游说支出和游说力量对比的结果。一旦出口利益集团的游说力量小于非出口利益集团，肯定性的反倾销（反补贴）终裁结果则会出台，摩擦由此产生。因此，对于产业内贸易摩擦而言，可以采取相对强硬的策略来应对，这是因为强硬的贸易报复措施更能够激励出口企业利益集团对本国政府的自由贸易政策进行游说。

具体来说，可从以下几点着手：

（一）推进收入倍增计划，促进国民消费水平的提升

政府应积极调整国民收入分配结构，提高居民收入占国民收入的比重，提高中低收入者的收入，促使中国经济增长真正转到依靠内需支撑

的轨道上。针对居民消费领域的变化和消费档次的升级，企业应采取一些提高制造业产品附加价值的措施，开拓新的国内消费需求空间，拉动中国产业结构的升级（马文秀，2009）。而收入倍增计划的实施不仅可以提高国民对本国产品的需求，促进国内经济发展，同时还能扩大本国消费者对国外产品的需求，减少贸易摩擦的发生。

（二）优化出口商品结构，适当扩大进口规模，促进中美贸易平衡发展

首先，从中国企业界的角度看，企业要有长远的目光，逐步提升自己加工产品的附加价值，避免低附加值产品对美国的爆炸式出口。

其次，应将扩大从美国进口的重点放在能够消除贸易摩擦的产品的进口上，在实施具体的进口计划之前，我们有必要聘请华府公关公司设计一套采购清单，这样可在一定程度上分化对华敌视的利益集团，使其联合对付中国的努力难以成功（柳剑平、孙云华，2004）。

最后，政府应积极游说美国修改已经不合时宜的贸易法案，扩大产品和技术市场对中国的开放，并放松对华出口管制，进一步实现出口贸易的自由化，扩大对华出口。

（三）制定产业组织政策，确保产业规模经济效应和产业集群优势的发挥

政府在制定相关产业组织政策时，要有利于产业规模经济效应和外围经济效应的发挥。一方面，通过产业集聚效应形成同一产业配套互动，并利用集群优势形成相关的产业链，实现产业价值链升级；另一方面，产业集聚效应的形成可提高相关行业协会和涉案企业的应对速度和力度，从而降低由贸易摩擦导致的立案调查最终成立的概率，并减少相关企业自身经济利益的损失。

（四）从政府的角度来看，应采取相对强硬的措施来应对

首先，中美政府和经济管理领导层应以维护、巩固中美关系为原则，建立和完善高效率的国家常规协调机制，加强互访、交流、了解、磋商和协调，以促成中美长期稳定战略关系为目标，妥善处理和解决双方之间的一些贸易分歧潜在问题，使贸易摩擦不影响中美政治、经贸关系的正常发展。

其次，政府间针对贸易政策的谈判为贸易摩擦的缓解提供了一种可能，但这种可能性取决于该产品对美国市场的依赖程度，依赖程度越高，谈判的筹码越小，通过谈判解决贸易摩擦的可能性越小。

最后，在谈判调解不成功的前提下，政府可以通过对该国同一行业的进口产品实施反倾销调查，以此给美国的出口企业利益集团形成压力，促使其对本国政府进行游说。

（五）从行业组织的角度来看，应重视第三方力量的利用

所谓第三方力量，是指贸易摩擦发起国国内的各种非直接利益关联者，包括进口商品的代理商和销售商、遭遇贸易摩擦方聘请的国外律师以及进口商品的购买者和消费者（马常娥，2005）。由于第三方是中美贸易的重要参与者，它们与国内出口商利益一致，而摩擦的发生必然导致其利益损失。这些组织对发起贸易摩擦的原告、本国的类似产品及其厂商、有关的法律程序等方面更为熟悉，它们可以制定出更具针对性的抗辩策略；相比国外游说集团而言，政治家更关心国内游说集团的利益，因此，这股力量更容易获得政治家的支持，对本国政府和国会的游说效率更高。所以说，利用好第三方力量也是缓解外国对华产业内贸易摩擦的重要手段。

二、外国对华产业间贸易摩擦缓解的策略选择

从单边角度来看，就产业间贸易摩擦而言，提升双边产业内贸易水平至关重要。这一政策建议的依据在于产业内贸易与美国对华贸易摩擦之间存在的负相关关系，我们可以通过强化在同一行业内产品结构的互补性，提高贸易的产业内分工中位次，以及发挥政府在资源整合和产业调整方面的作用等方式提升该领域的产业内贸易水平，从而逐渐降低外国对华产业间贸易摩擦发生的频率，减少产业间贸易摩擦对相关行业和企业出口发展的影响。

从双边策略来看，由于贸易自由化对产业内贸易指数较低的行业所带来的调整成本相对较高，当外国在对该类产业进行结构调整和升级时必然会减少相关就业群体及企业群体的利益所得，导致代表这些就业群体和企业群体的利益集团对政府贸易政策的制定施加压力，而对中国这些产业的出口施加各种形式的贸易限制就成为政府缓解这种压力的出口，最终导致贸易摩擦的发生。因此，从双边角度来看，对于产业间贸易摩擦的缓解，温和的应对策略则可带来更好的效果，这是因为安抚性的贸易措施更容易获得贸易对手的谅解，而且温和的应对策略也可以使本国在贸易摩擦的缓解过程中占据主动。

具体来说，可从以下几方面着手：

（一）提高产品差异化水平，强化中美在同一行业内产品结构的互补性

重视和强化产品差异化是进一步发展中国产业内贸易的微观内核，也是扩大中美经贸合作，减少贸易摩擦的发生的重要途径。首先，我们应加快利用高新技术改造传统产业，这样不但可以降低产品成本，形成

价格优势，还可以进一步增强产品的垂直差异化优势，提高中国的产业内贸易水平及中国产品在国内外市场上的竞争地位。其次，我们要适当鼓励技术含量高、产品差异化程度高的电子机械、通信设备等生产的发展，加快相关制成品贸易模式由以垂直差异化产品产业内贸易为主向以水平差异化产品产业内贸易为主的转变。最后，产品差异不但体现在质量和技术的垂直差异上，更重要的是体现在对产品的营销等方面的水平差异上，例如广告、包装、售后服务以及人们主观意识上的差别，这些差异性极大地增加了产品出口的附加值。事实上，中国目前的许多产品在垂直差异上已经超过发达国家，但由于缺乏著名的品牌和可靠的销售渠道而不能在国际市场上获得应有的价格，这在很大程度上影响了产业内贸易水平的提高。因此，中国的企业应积极介入产品销售领域，形成一套统一、完善的国际营销机制，强化产品的差异性，从而创造出中国的国际品牌，使这些产业尽快加入产业内贸易中去获取应有的利益。通过强化中美之间的产品差异化程度，改变中国产品在美国市场上的只能依靠低价进行竞争的地位，从而提高在这一领域中各行业的产业内贸易水平，并以此在一定程度上缓解双边产业间贸易摩擦，避免涉案企业在贸易摩擦中遭受意外损失。

（二）增加研发投入，促进中国在全球价值链分工中位次的提升

发展中国家只有在国际分工价值链条中不断提升自己的位次，才能实现自身产业结构的转换，提高本国的国际贸易竞争力以及与发达市场之间的垂直产业内贸易水平，从而获取更多的分工利益。目前，中国的制造业企业还没有掌握关键的核心技术，只能从低端做起，加大科研经费的投入，不断学习和吸收国外的管理经验和技术，逐步向上一级具有较高附加价值的环节挺进。“入链”企业在企业竞争力提高后，就可以逐步发展诸如来料、带料加工的对外投资，将产业向结构梯度低的国家转移，带动垂直产业内贸易快速发展。当然，我们也不能满足于这样一个

下游生产商的角色，要在积极参与国际分工与竞争的基础上，提高核心零部件的本土化生产水平，由下游生产商向上游生产商推进，强化生产环节与技术研发的相关性，并适时向产业链条的研发设计、品牌营销环节渗透，从而逐步提升在国际分工中的地位与加工增值能力。中国只有不断提升其在国际分工价值链上的位次，才能提高中美之间的垂直产业内贸易水平，优化双边的贸易结构，从而减少双边的贸易摩擦。

（三）构建宏观调控机制，发挥政府在资源整合和产业调整方面的作用

在中美产业内贸易发展中，政府的宏观调控起着不可或缺的作用。首先，政府应构建更为合理的激励机制，促进企业更多地注重和追求规模经济效益，通过对主导产业部门的重点保护带动其他产业部门的发展，以及对瓶颈产业和薄弱产业的重点扶持来缓解结构性约束。其次，政府应鼓励企业及行业组织加强与发达国家间的国际合作研究、开发和生产，加快中国产业技术改造，促进产业结构升级，最终实现规模经济，获取动态递增的贸易利益。最后，政府应优化产业组织政策，利用市场化和法制化的手段来协调各条块之间的关系，打破行政性垄断，统一国内市场，推动各地区企业间的吸收、兼并与联合以达到基本规模，提高产业部门的集中度，规范扰乱市场秩序的竞争行为，培育有利于规模经济发展的市场结构。政府通过产业政策和贸易政策的制定，可以有效引导相关行业通过产业集群等方式促进规模经济的发展，改善中美产业结构的不均衡状况，从而提升双边产业内贸易水平，减少美国对华产业间贸易摩擦的发生。

（四）合理利用安抚政策，改善双边特定行业中的经贸关系

政府大规模采购是一项缓解贸易摩擦的有效措施，但在此之前有必要聘请相关公关公司设计一套采购清单，以获得美国参、众两院的支持，这样，一方面可以在一定程度上分化对华敌视的利益集团，使其联合对

付中国的努力难以成功；另一方面可以对症下药也对贸易损失较大的利益集团进行有针对性的安抚，使其一定程度上放弃或减少对中国进口产品的反倾销（反补贴）起诉。除了以上方式，我们还有必要采取国际上常用的贸易政策（如自动出口限制等）对贸易受损利益集团进行安抚，这一政策可以对进口国起到更有效的安抚作用，同时又把限制出口的主动权掌握在出口国手中。如此一来，中国可以有选择地对那些对本国经济损害较小的出口产品进行限制，减少美国对华产业间贸易摩擦的行为。

（五）合理调整引资政策，鼓励国内企业对美直接投资

政府应合理引导企业“引进来”和“走出去”，加强中美双边直接投资的联系。一方面，面对目前全球范围内出现的新一轮产业分工浪潮，中国应该抓住机遇，合理调整引资政策，改善投资软环境，加大引资力度，积极承接美国对外转移的技术含量相对较高、产业关联效应较强的生产环节的投资，加强中美之间在全球生产价值链中的前向联系，并以此减少美国对华产业间贸易摩擦的发生；另一方面，在时机成熟的前提下，国内具有比较优势和竞争优势的企业可以积极筹划及实施对该国的直接投资，这样不仅可以有效避开其对华设置的贸易壁垒，而且通过投资设厂可以更有效地引进先进的技术与管理经验，提高中国企业的综合国际竞争能力。在这方面，海尔集团成功在美国投资设厂的经验值得国内相关劳动密集型企业借鉴。

附　录

中美贸易摩擦对浙江出口企业的影响及对策分析

2019 年 5 月 10 日，美国正式对 2000 亿美元中国输美商品的关税从 10%上调至 25%，清单涉及 6031 项产品，既包括半导体、化学品、药品、电机电气设备等高端制造业，也包括木制品等低端制造业以及食品、家具等消费品。正是由于此次关税升级，中国官方媒体宣传口径正式将双边经贸摩擦转换为中美贸易摩擦。

一、中美贸易摩擦对浙江对美出口的短期影响

（1）浙江是对美出口涉税产品的重灾区。从短期来看，浙江 2000 亿美元征税清单涉及的主要产品涉税金额大，涵盖对美出口产品范围广，对出口企业影响尤其深远。2018 年，浙江对美出口金额占比 19.6%，略高于全国占比，但浙江对美出口以一般贸易（80.1%）为主，产品结构中机电产品、家具产品等传统产品占主导，此次涉税产品出口所占比例更高。以嘉兴为例，2018 年共涉及 868 种出口产品，涉税金额 52.62 亿美元，占全市出口总额的 17.2%，占全市对美出口总额的 63.4%，远超全国平均水平。

（2）关税上调导致对美出口形势严峻。根据 IMF 在 2019 年 5 月发布

的报告《中美贸易紧张局势造成的影响》，发现最早 500 亿美元商品关税上调 25%之后，美国到岸价涨幅在 20%左右；而 2000 亿美元商品关税税率上调 10%之后，美国到岸价涨幅在 8%~9%。而到岸价格地提升势必影响出口额，该报告同时指出自 2019 年初关税上调 10%后中国涉税产品对美国出口总额同比下降 30%左右。

（3）企业对美出口信心下滑。但从浙江外贸形势调研的成果看，由于前期人民币汇率的连续贬值加上企业“抢出口”行为，浙江近两年对美出口额不减反增，实质上是对美出口风险的迟滞和积压。作为对外经贸的晴雨表，统计数据显示，第 124 届广交会对美出口成交金额同比下降 30.3%，同时依据省商务厅对参会企业的问卷调查结果，超过一半的企业预计未来新接美国订单量会下降 10%以上。

（4）出口企业就业遭受冲击。根据中国全球价值链课题组发布的《2010~2016 年中美贸易增加值核算报告》，2013~2016 年，中国向美国每百万美元出口带动的国内直接就业人次分别为 45.6 人、36.8 人、37.8 人、37.7 人。以每百万美元出口带动 37 人直接就业核算，若涉税产品对美出口下降 30%，以全国平均水平估算浙江一年内受影响的就业人员将超过 40 万人，其中中小企业将面临最为严峻的冲击。

（5）大中型出口企业转型面临困境。大中型传统制造业对美出口企业而言，中美贸易摩擦和国际分工重构很大程度上收紧了产业调整的时间窗口和空间窗口，尤其针对机电、家具、纺织服装等基础消费品生产企业，将面临转型或转移的抉择。产品结构转型方面，由于贸易战扰乱了全球供应链，并影响新技术传播的速度，短期内研发出能获得市场认可的新产品难度上升。市场结构转型方面，由于我国主要出口商品在其他几个贸易大国的进口额中所占比例相当高，要进一步提高市场占有率的空间极其有限，想要找到替代美国的市场比较困难。此外，中美贸易摩擦导致商业和市场信心受挫，企业通过直接融资实现转型或转移的难度大增。

（6）中小型出口企业拓客、留客难度上升。对中小出口企业而言，由于出口订单大多跟着客户和市场方向走，在中美贸易摩擦升级背景下，转型内销或者开拓其他新的出口市场面临重重困难。原因在于：一是各外贸、内贸平台竞争激烈，开发新客户的交易成本激增；二是中小出口企业开发外贸新客户需要长时间磨合来增加双边信任度。此外，由于对中小出口企业品牌依赖度低，美国上调中国出口关税产生的贸易转移效应将导致一旦原有订单转移到其他国家，则拿回订单的难度急剧上升。

二、中美贸易摩擦对浙江出口企业的潜在风险

除了短期内对美出口面临巨大冲击，浙江出口企业还面临一系列潜在的风险。

首先是政策风险，随着中美贸易摩擦的推进，其他国家对华贸易限制的可能性也在增加。一方面，近期国际单边贸易主义的盛行，美国贸易制裁行为极易引致其他经济体的政策跟随，尤其是对于浙江高新技术企业而言，美国的“实体清单”制度造成相关企业市场风险大增；另一方面，中国企业市场方向转移导致对个别国家出口剧增有可能引发新的贸易摩擦，尤其是针对印度、荷兰、英国等对华贸易逆差较大国家的出口行为，未来贸易摩擦的风险较高。

其次是业务风险，涉税企业通过“走出去”规避对美出口限制将导致对外投资风险增加。一方面，涉税企业通过“走出去”规避贸易风险的诉求加大，但由于普遍存在的盲目性和准备不足，生产环节短期内外迁将导致资金、土地、运输、环保等经营成本急剧上升，从而加大投资风险；另一方面，美国本土对中国企业的投资、并购政策的收紧以及投资目的国也被美国加征关税的可能性（如印度、越南等国家）增加也进一步扩大了企业对外转移的业务风险。

此外还存在结算风险，一方面，由于人民币国际化战略使得人民币

单边贬值趋势不可能持续，中美贸易摩擦和不确定性增加将加大人民币汇率波动的幅度；另一方面，由于前期的“抢出口”行为，美国进口商短期库存积压有可能导致出口企业回款不能按期结算。

三、促进出口企业稳定发展的对策建议

从企业涉税冲击来看，以嘉兴为例，涉税企业达 2045 家，其中 5000 万美元以上 17 家，平均涉税金额 1.13 亿美元，企业数量少但单体体量大；涉税金额 100 万美元以下的企业 1500 余家，平均涉税金额 17.35 万美元，企业金额少但数量多。因此，政府部门在制定策略的过程中要遵循“大小结合”的应对原则，“抓两头，放中间”。

（一）以降成本和供信息力促大型出口企业转型

大型出口企业市场资源和技术资源相对雄厚，品牌议价能力较强，部分企业已经通过海外市场投资布局分散了出口风险，财务上应对结算风险的能力也较强，因此，加征关税对其影响相对较弱。对于经济影响大的集团企业而言，要以维持企业对地方长期经济贡献为出发点，对企业面临的短期出口困境和出口风险进行适度引导和扶持。

首先，通过政策引导进一步降低大中型出口企业制度性交易、企业税费、用工、财务、要素、物流等中间环节成本。一方面，针对涉税大中型企业，政府部门当前应及时摸清企业经营状况，并从新市场开拓、贸易壁垒规避、产业竞争力提升等方面找准企业的薄弱环节，积极协助企业降低运营成本，为贸易战的进一步恶化做好应对准备；另一方面，进一步加强走访、调研，形成对涉税重点行业、重点企业和重点产品的监测、协调推进机制，成立以主要领导为组长的县市级贸易发展领导小组，统筹协调跨区域、跨行业、跨部门的重大问题，协调推进涉税企业

重大项目建设。

其次，通过资源整合为涉税大中型企业提供应对贸易战的信心和信息服务。一方面，要充分利用政府相关部门掌握的大数据优势，及时整合并向涉税企业提供贸易摩擦相关进展、法律援助、进出口贸易政策变动、非美市场出口及投资风险预警等资讯信息，同时为“走出去”企业提供目标国当地的资讯信息及投资建议，避免“冲动型”“盲目型”的产业转移和企业流失；另一方面，通过设立海外投资并购基金等金融支持手段，支持本土企业以引进核心技术为主的海外并购行为，推动涉税企业降低企业海外投资布局风险、改善对美出口环境，这方面可借鉴北京外经贸发展引导基金模式。

（二）以调结构和促整合力保中小出口企业升级

对于量大面广的中小出口企业，要以短期社会稳定和长期就业保障为出发点，引导中小企业进行结构性调整。国家金融研究院院长朱民认为，大部分企业家过去处在一个线性的思维方式上，遇到波动想到的是减库存、降成本熬过冬天，但现在的经济格局是企业面临整体面的结构性冲击，传统的线性应对策略已经不能面对中美贸易摩擦这种结构性的挑战。因此，政府部门和相关行业协会有必要在整体面的结构性层面上，通过政策支持引导中小企业进行结构性的兼并、抱团、打造区域性的产业联盟等方式整合行业资源，促进企业提效升级来共同应对出口风险。

首先，在运用适当行政手段进行扶持的同时，利用外部危机对行业内部洗牌整合的契机，尝试鼓励中大型企业通过产业并购基金等市场手段对中小企业进行兼并重组，以此解决外贸企业小、散、乱的现状，实现中大型企业业务的逆势扩张，同时对区域就业影响也可降至最低。

其次，针对浙江区域产业集群发展的优势，鼓励中小企业之间合并重组实现抱团经营。通过抱团创新、抱团融资、抱团市场开拓等方式实现中小企业间的资源共享、优势互补，规避中小企业本身小、散、乱属性带来的弊端。引导抱团企业实现技术升级和转型，提高产品附加值和产品科技含量，使得企业产品的竞争力不再只靠价格和数量，从而提高应对中美贸易摩擦的能力。

最后，由行业协会牵头组织产业联盟，构建类似于美国小企业管理局的机构。通过产业联盟搭建行会、企业、金融机构、研究机构、智库、中介机构等部门间的沟通平台，建立完善的信息共享服务体系；最终通过各部门资源的整合向小企业提供低息贷款、向小企业提供技术、信息、管理、培训等支持、协助小企业获得政府采购项目、为小企业提供维权与宣传工作等。在这方面，宁波智贸汇外贸产业联盟提供了案例借鉴，该联盟打造了一个基于外贸服务整合的智慧云平台，对外贸行业整个流程中的各项服务进行全面整合。

参考文献

[1] Antràs, P., T. C. Fort, and F. Tintelnot. The Margins of Global Sourcing: Theory and Evidence from U.S. Firms [J]. American Economic Review, 2017, 107 (9): 14-64.

[2] Balassa, B. Tariff Reductions and Trade in Manufacturers among the Industrial Countries [J]. The American Economic Review, 1966 (3): 466-473.

[3] Balassa, B. The Determinants of Intra-Industry Specialization in United States Trade [J]. Oxford Economic Papers, 1986 (38): 220-233.

[4] Balassa, B. and Bauwens, L. Intra-Industry Specialization in a Multi-Country and Multi-Industry Framework [J]. Economic Journal, 1987 (85): 923-939.

[5] Baldwin, J.R. and Gu W. Innovation, Survival and Performance of Canadian Manufacturing Plants [J]. Economic Analysis (EA) Research Paper No. 022, 2004.

[6] Baron, D. Integrated Strategy, Trade Policy, and Global Competition [J]. California Management Review, 1997 (39): 145-169.

[7] Becker. A Theory of Competition among Pressure Groups for Political Influence [J]. The Quarterly Journal of Economics, 1983 (98): 371-400.

[8] Bernard and Jensen. Exporters, Jobs, and Wages in U.S. Manufacturing: 1976-1987 [J]. Microeconomics, 1995 (1): 67-69.

[9] Blonigen, B. and Bown, C. Antidumping and Retaliation Threats

[J]. Journal of International Economics, 2003 (60): 249-273.

[10] Blonigen, B. Industrial Policy and Downstream Export Performance [J]. Economic Journal, 2016, 126 (595): 1635-1659.

[11] Brandt L., J. Van Biesebroeck. and Y. F. Zhang. Creative Accounting or Creative Destruction? Firm -Level Productivity Growth in Chinese Manufacturing [J]. Journal of Development Economics, 2012, 97 (2): 339-351.

[12] Bown C. P. Taking Stock o f Antidumping, Safeguards and Countervailing-Duties, 1990-2009 [J]. The World Economy, 2011, 34 (12): 1955-1998.

[13] Bown Chad. Trade Disputes and the Implementation of Protection Under the GATT: An Empirical Assessment [J]. Journal of International Economics, 2004 (62): 263-294.

[14] Bown Chad P. and Rachel McCulloch. U. S. Trade Police Toward China: Discrimination and Its Implications [R]. 2005.

[15] Brander, J. A. and B. J. Spencer. Export Subsidies and International Market Share Rivalry [J]. Journal of International Economics, 1985 (18): 83-100.

[16] Brulhart, M. Dynamics of Intra-Industry Trade and Labor Market Adjustment [J]. Review of international Economics, 2000 (8): 420-435.

[17] Brulhart, M. and M. Thorpe. Intra-Industry Trade and Adjustment in Malaysia: Puzzling Evidence [J]. Applied Economics Letters, 2000 (7): 729-733.

[18] Brulhart, M. and Elliott R. Labor-Market Effects of Intra-Industry Trade: Evidence for the United Kingdom [J]. Weltwirtschaftliches Archiv, 2002, 138 (2): 207-228.

[19] Brulhart, M. Marginal Intra-Industry Trade: Towards a Measure of Non-Disruptive Trade Expansion, From Frontiers of Research on Intra-Indus-

try Trade [J]. Macmillan press, London, 2002: 429-453.

[20] Chandra P. Long C. Anti dumping Duties and Their Impact on Exporters: Firm Level Evidence from China [J]. World Development, 2013, 51 (4): 169-186.

[21] Conybeare, J.A. Trade Wars: The Theory and Practice of International Commercial Rivalry [M]. Columbia University Press, 1987.

[22] Dixit, A., Grossman, G.M. and Helpman, E. Common Agency and Coordination: General Theory and Application to Government Policy Making[J]. Journal of Political Economy, 1997 (105): 752-769.

[23] Dixon, J. and Menon, P. Intra-Industry Versus Inter-Industry Trade: Relevance for Adjustment Costs [J]. Weltwirtschaftliches Archiv, 1997 (133): 164-169.

[24] Erlat, G. and Erlat, H. Intra-industry Trade and Labor Market Adjustment in Turkey [J]. Electronic Journal, 2003 (5): 211-233.

[25] Falvey, Greenaway and Yu. Intra-Industry Trade between Asymmetric Countries with Heterogeneous Firms [R]. University of Nottingham Research Paper No. 2004-05.

[26] Feenstra, R. C., Z. Y. Li, and M. J. Yu. Exports and Credit Constraints under Incomplete Information: Theory and Evidence from China [J]. Journal of Finance and Economics, 2017, 96 (4): 29-744.

[27] Feenstra, R. and Kee L. Export Variety and Country Productivity: Estimating the Monopolistic Competition Model with Endogenous Productivity [R] . World Bank Policy Research Group and University of California, Davis. 2006.

[28] Findlay R. and Wellisz S. Endogenous Tariffs, the Political Economy of Trade Restrictions, and Welfare [M]. Chapter from "Import Competition and Response", University of Chicago Press, 1982.

[29] Gawande K., Krishna P. and Robbins M. Foreign Lobbies and US

Trade Policy [R]. NBER Working Paper No. 10205, 2004.

[30] Gould M. and Woodbridge L. The Political Economy of European Retaliation, Liberalization and Trade Wars [J]. Journal of Political Economy, 1998 (14): 115-137.

[31] Gomory, R. and Baumol, J. Global Trade and Conflicting National Interests [M]. Cambridge, MA: MIT Press, 2000.

[32] Greenaway and Milner. Industrial Structure and Australia-UK Intra-Industry Trade [J]. The Economics Record, 1999 (75): 19-27.

[33] Greenaway, D., Haynes M. and Milner C. Adjustment, Employment Characteristics and Intra-Industry Trade [J]. Weltwirtschaftliches Archiv, 2002 (138): 254-276.

[34] Grossman M. and Helpman E. Protection for Sale [J]. American Economic Review, 1994 (84): 833-850.

[35] Grossman M. and Helpman E. Trade Wars and Trade Talks [J]. Journal of Political Economy, 1995 (103): 675-707.

[36] Grubel and Lloyd. Intra-Industry Trade: The Theory and the Measurement of International Trade in Differentiated Products [M]. London: Macmillan, 1975.

[37] Guo M., L. Lu, L. Sheng, and M. Yu. The Day after Tomorrow: Evaluating the Burden of Trump's Trade War [J]. Asian Economic Papers, 2018, 17 (1): 101-120.

[38] Hamilton, Clive and Paul K. Trade Liberalisation, Structural Adjustment and Intra-Industry Trade: A Note [J]. Weltwirtschaftliches Archiv 1991, 127 (2): 356-367.

[39] Helpman E., Melitz J. and Yeaple S. Export Versus FDI with Heterogeneous Firms [J]. American Economic Review, 2004 (94): 300-316.

[40] Hillman Arye. Declining Industries and Political Support Protectionist Motives [J]. American Economic Review, 1982 (72): 1180-1187.

[41] Hillman A. and Ursprung H. Domestic Politics, Foreign Interests, and International Trade Policy [J]. The American Economic Review, 1988 (78): 729-745.

[42] Hoekman and Kostecki. The Political Economy of the World Trading System: The WTO and Beyond [M]. Oxford University Press, 1999.

[43] Hylke Vandenbussche, Maurizio Zanardi. The Chilling Trade Effects of Antidumping Proliferation [J]. European Economic Review. 2010, 54 (6): 760-777.

[44] Johnson R. and G. Noguera. Fragmentation and Trade in Value Added over Four Decades [R]. NBER Working Paper, 2012.

[45] Jorgenson G. and Schroder P. Tariffs and Firm-Level Heterogeneous Fixed Export Costs [J]. The BE Journal of Economic Analysis & Policy, 2006 (5): 69-81.

[46] Konings, J., and H. Vandenbussche. Antidumping Protection Hurts Exporters: Firm-Level Evidence [J]. Review of World Economy, 2013, 149 (2): 295-320.

[47] Konings J. and Vandenbussche H. Heterogeneous Responses of Firms to Trade Protection [J]. Journal of International Economics, 2008 (76): 371-383.

[48] Konings J. and Vandenbussche H. Antidumping Protection and Markups of Domestic Firms: Evidence from Firm Level Data [J]. Journal of International Economics, 2005 (65): 151-165.

[49] Knetter M. and Prusa J. Macroeconomic Factors and Antidumping Filings: Evidence From Four Countries [R]. NBER Working Paper, No. 8010, 2000.

[50] Krugman. Scale Economies, Product Differentiation, and the Pattern of Trade [J]. American Economic Review, 1980 (70): 341-382.

[51] Leidy M.P. Macroeconomic Condition and Pressure for Protection

under Antidumping and Countervailing Duty Laws [J]. International Monetary Fund, 1997 (44): 132-144.

[52] Lileeva, A.and Trefler, D. Improved Market Access to Foreign Markets Raises Plant-Level Productivity [R]. NBER paper W13297, 2007.

[53] Long, N and Vousden, N. Protectionist Responses and Declining Industries [J]. Journal of International Economics, 1991 (30): 87-103.

[54] Lovely M. and Nelson, D. Factor-Market Adjustment to Inter-Industry and Intra Industry Trade in a Division of Labor Model [R]. Nottingham University Working Paper, 1999.

[55] Mah Jai. Antidumping Decisions and Macroeconomic Variables in the USA [J]. Applied Economics, 2000 (32): 1701-1709.

[56] Magee S., Block W. and Young S. Black Hole Tariffs and Endogenous Policy Theory: Political Economy in General Equilibrium [M]. Cambridge University Press, 1989.

[57] Matschke X. and Sherlund M. Do Labor Issues Matter in the Determination of U.S. Trade Policy? [J]. The American Economic Review, 2006 (96): 405-421.

[58] Manova K., and Z. Yu. How Firms Export: Processing vs. Ordinary Trade with Financial Frictions [J]. Journal of International Economics, 2016 (100): 120-137.

[59] Melitz. The Impact of Trade on Intra-industry Reallocations and Aggregate Industry Productivity [J]. Econometrica 2003 (71): 397-425.

[60] Milner C. Resisting Protectionism: Global industries and the Politics of International Trade [M]. Princeton University Press, 1988.

[61] Milner C. and Elliot R. Static and Dynamic Measurement of Intra-industry Trade and Adjustment [J]. Review of World Economics 1994 (134): 404-422.

[62] Neary J. P. International Factor Mobility, Minimum Wage Rates,

and Factor -Price Equalization [J]. Quarterly Journal of Economics 1985 (100): 551-570.

[63] Orville, S. and S. L. S. Chairs. U.S. Policy Toward China: Recommendations for a New Administration [R]. Center on U.S.-China Relations Task Force Report, 2017.

[64] Prusa, Thomas J. The Effect of Trade Protection and Promotion Policy [M]. University of Chicago Press, 1997.

[65] Prusa. T. The Trade Effects of U. S. Antidumping Actions [R]. Working-Paper, 1997.

[66] Sadni M., Sandretto, R. and Feinberg. An Empirical Analysis of US and EU Antidumping Initiation and Decision [R]. Working Paper, 2001.

[67] Schmitt and Yu. Economies of Scale and the Volume of Intra-Industry Trade [J]. Economics Letters 2001 (1): 7-14.

[68] Shen G and X.Fu. The Trade Effects of Us Anti-Dumping Actions Against China Post-WTO Entry [J]. The World Economy, 2014, 37 (1): 86-105.

[69] Stevenson, Cliff. Global Trade Protection Report 2007: Data & Analysis [EB/OL]. From www. antidumpingpublishing. com.

[70] Sturm, Daniel. Product Standards, Trade Disputes, and Protection [J]. Canadian Economics Association 2006 (39): 564-581.

[71] Thom R. and McDowell M. Measuring marginal Intra-Industry Trade [J]. Weltwirtschaftliches Archiv, 1999 (135): 48-61.

[72] Thorpe M. and Zhang Zhaoyang. Study of the Measurement and Determinants of Intra-industry Trade in East Asia [J]. Asian Economic Journal, 2005 (19): 231-247.

[73] Torstensson. How Robust are Models of Intra-Industry Trade? [J]. Oxford Bulletin of Economics and Statistics, 1996 (58): 507-524.

[74] U.S Trade Representative. National Trade Estimate Report on For-

eign Trade Barriers [R]. March, 2005.

[75] Vandenbussche H. and C. Viegelahn. The Trade Impact of Indian Antidumping Measures Against China: Evidence from Monthly Data [J]. Foreign Trade Review, 2013, 14 (2): 75-88.

[76] 北京大学中国经济研究中心课题组. 垂直专门化、产业内贸易与中美贸易关系 [D]. 北京大学中国经济研究中心工作论文, 2005.

[77] 鲍晓华, 陈清萍.反倾销如何影响了下游企业出口? ——基于中国企业微观数据的实证研究 [J]. 经济学 (季刊), 2019 (1).

[78] 陈继勇. 中美贸易摩擦的背景、原因、本质及中国对策 [J]. 武汉大学学报 (哲学社会科学版), 2018 (5).

[79] 陈巧慧. 美国对华反倾销的影响因素研究——基于负二项模型的方法 [J]. 国际贸易问题, 2015 (6).

[80] 陈清萍, 鲍晓华. 对外反倾销是否救济了中国进口竞争性企业? [J]. 上海经济研究, 2017 (3).

[81] 陈诗阳. 企业策略行为与国际贸易摩擦的形成过程及治理路径 [D].复旦大学博士学位论文, 2009.

[82] 陈向阳. 从国际制度角度看冷战后的中美关系 [J]. 世界经济与政治, 2000 (1).

[83] 陈迅, 李维, 王珍. 中国产业内贸易影响因素实证分析 [J]. 世界经济研究, 2004 (6).

[84] 程大中. 中美服务部门的产业内贸易及其影响因素分析 [J]. 管理世界, 2008 (9).

[85] 蔡洁. 基于制度差异视角的贸易摩擦分析 [J]. 经济经纬, 2007 (3).

[86] 方勇, 周愚. 战略性出口关税: 能够有效缓解贸易摩擦的短期措施 [J]. 世界经济研究, 2011 (5).

[87] 樊海潮, 张丽娜. 中间品贸易与中美贸易摩擦的福利效应 [J]. 中国工业经济, 2018 (9).

[88] 冯国钊，刘遵义. 对美国对华贸易的新估算[J]. 国际经济评论，1999（3）.

[89] 冯耀祥. 美国对华贸易保护成因研究 [D]. 南开大学博士学位论文，2008.

[90] 冯正强，张永. 中国遭遇贸易摩擦的原因及防范对策 [J]. 山东工商学院学报，2006（2）.

[91] 顾振华，沈瑶. 利益集团影响下的反倾销和反补贴——来自工业行业的证据 [J]. 国际经贸探索，2015（3）.

[92] 何海燕，单捷飞. 国外对华双反联动调查影响因素的实证研究 [J]. 北京理工大学学报（社会科学版），2013（4）.

[93] 胡方，佘炳雕. 入世以来的中外经济摩擦：现状、原因与对策 [J]. 东北亚论坛，2005（6）.

[94] 胡静寅. 美国对华贸易摩擦中的经济民族主义分析 [J]. 国际经贸探索，2006（4）.

[95] 蒋为，孙浦阳. 美国对华反倾销、企业异质性与出口绩效 [J]. 数量经济技术经济研究，2016（7）.

[96] 何泽荣，帅建林. 从文化冲突角度看美国对华贸易摩擦 [J]. 财经科学，2011（3）.

[97] 黄晓凤. 国际产业结构的趋同与贸易摩擦的博弈分析 [J]. 财经理论与实践，2007（1）.

[98] 黄晓凤. 贸易模式的转型与国际贸易摩擦的化解 [J]. 国际经贸探索，2010（3）.

[99] 姜雪梅，邴凯. 我国企业应如何应对反倾销 [J]. 经济纵横，2004（11）.

[100] 金芳. 中国国际分工地位的变化、内在矛盾及其走向[J]. 世界经济研究，2008（5）.

[101] 经贸部入世后中美经贸关系中期展望课题组. 新因素——中美经济贸易关系中期展望 [J]. 国际贸易，2000（4）.

[102] 雷达，于春海. 内外均衡、结构调整和贸易摩擦 [J]. 世界经济，2004 (8).

[103] 李波，刘洪铎. 贸易边际、反倾销与中美产业内贸易 [J]. 宏观质量研究，2019 (3).

[104] 李春顶，何传添，林创伟. 中美贸易摩擦应对政策的效果评估 [J]. 中国工业经济，2018 (10).

[105] 李春顶. 企业非市场策略与国际贸易摩擦的形成及化解 [J]. 财经研究，2007 (3).

[106] 李春顶，尹翔硕. 就业保护与国际贸易摩擦的产业分布 [J]. 经济评论，2008 (4).

[107] 李春顶，陈诗阳. 企业行为与国际贸易摩擦：一个扩展的政治经济模型 [J]. 经济管理，2009 (11).

[108] 李春顶. 中国对外反倾销措施的产业救济效果研究[J]. 南方经济，2011 (5).

[109] 李春盛. 中国产品内贸易现状及其效应研究 [D]. 厦门大学博士学位论文，2007.

[110] 李坤望，施炳展. 产业内贸易变迁与贸易自由化调整成本 [A]// 佟家栋，海闻. 国际经济学评论 [M]. 北京：中国财政经济出版社，2007.

[111] 李磊，漆鑫，朱玉. 反倾销申诉和措施中的政治经济因素实证分析 [J]. 经济评论，2011 (2).

[112] 李丽. 美国对华贸易摩擦的政治经济分析 [J]. 世界经济研究，2005 (1).

[113] 李淑俊，倪世雄. 美国贸易保护主义的政治基础[J]. 世界经济与政治，2007 (7).

[114] 李淑俊. 气候变化与美国贸易保护主义 [J]. 世界经济与政治，2010 (7).

[115] 李增刚. 利益集团与贸易政策 [M]. 北京：中国人民大学出版社，2002.

［116］梁俊伟，代中强. 发展中国家对华反倾销动因：基于宏微观的视角［J］. 世界经济，2015（11）.

［117］梁碧波. 美国的贸易保护："国家利益"决定抑或"利益集团"导向［J］. 国际贸易问题，2009（9）.

［118］刘钧霆. 产业内贸易研究的新发展：文献综述［J］. 经济研究导刊，2008（3）.

［119］刘晓玲. 从中美产业内贸易看中美贸易发展趋势［D］. 湘潭大学博士学位论文，2007.

［120］刘丁有，薛静. 基于行业角度的印度对华反倾销贸易效应分析［J］. 西安财经学院学报，2016（5）.

［121］柳剑平，孙云华. 垂直专业化分工与中国对东亚经济体的贸易逆差［J］. 世界经济研究，2006（7）.

［122］柳剑平，张兴泉. 改革开放三十年来中美经贸关系的回顾与展望［M］. 上海：上海社会科学出版社，2008.

［123］柳剑平，张兴泉. 产业内贸易、调整成本与美国对华贸易摩擦［J］. 经济评论，2009（4）.

［124］柳剑平，张兴泉. 产业内贸易、产业结构差异与美国对华贸易摩擦［J］. 世界经济研究，2011（5）.

［125］柳剑平，张兴泉. 产业内贸易与产业结构优化——基于中国制造业动态面板数据的研究［J］. 世界地理研究，2011（3）.

［126］陆建明，王文治，王阳. PAC 捐资、党派立场与 ITC 委员在反倾销、反补贴调查中的投票行为［J］. 国际贸易问题，2016（9）.

［127］罗琳. 国际分工、利益集团与贸易摩擦［D］. 华中科技大学博士学位论文，2009.

［128］马常娥. 论我国应对贸易摩擦的策略与技巧［J］. 财贸经济，2005（10）.

［129］马剑飞，朱红磊，许罗丹. 对中国产业内贸易决定因素的经验研究［J］. 世界经济，2002（9）.

［130］马述忠，李淑玲. 对美国贸易政策嬗变的政治经济学分析［J］. 国际贸易问题，2007（4）.

［131］马文军、卜易、易倩. 产业安全研究——理论、方法与实证［M］. 北京：中国社会科学出版社，2019

［132］马文秀. 日美贸易摩擦与日本产业结构调整［M］. 北京：人民出版社，2009.

［133］孟宁. 反倾销的动因与影响研究：异质性视角的机理分析与实证检验［D］. 浙江大学博士学位论文，2017.

［134］苗迎春. 对中美贸易不平衡问题的重新审视［J］. 同济大学学报（社会科学版），2004（4）.

［135］潘园园. 中国被反倾销的实证分析［J］. 经济科学，2008（5）.

［136］裴长洪. 我们应如何看待和应对贸易摩擦［J］. 学习与实践，2005（8）.

［137］齐东锋. 美国对华贸易摩擦的利益集团因素与对策探讨［J］. 理论前沿，2006（11）.

［138］秦玉娈，尹红强，高海荣. 应对反倾销指控中政府功能的应然分析［J］.东岳论丛，2007（6）.

［139］沈国兵. 美国对中国反倾销的宏观决定因素及其影响效应［J］. 世界经济研究，2007（11）.

［140］沈国兵. 反倾销与美中双边产业内贸易：经验分析［J］. 世界经济研究，2008（3）.

［141］盛斌. 贸易政策政治经济学的实证研究：综述与评论［J］. 南开经济研究，2001（5）.

［142］盛斌. 贸易保护的新政治经济学：文献综述［J］. 世界经济，2001（1）.

［143］石东平，夏华龙. 国际产业转移与发展中国家产业升级［J］. 亚太经济，1998（10）.

［144］史小龙，董理. 利益集团政治影响的经济学分析：一个理论综

述［J］. 世界经济，2005（10）.

［145］宋国友. 贸易增长、利益集团与国家间冲突［J］. 现代国际关系，2004（6）.

［146］宋志刚. 美国对华贸易摩擦的博弈分析框架：以轮胎特保案为例［J］. 吉林大学社会科学学报，2010（2）.

［147］宋春子. 全球价值链分工对国际贸易摩擦的影响研究［D］. 辽宁大学博士学位论文，2014.

［148］孙志贤，林发勤，李冰杰. 反倾销的贸易抑制效应：基于印度对中国反倾销案件的实证研究［J］. 宏观经济研究，2017（8）.

［149］孙广振，张宇燕. 利益集团与"贾谊定理"：一个初步的分析框架［J］. 经济研究，1997（6）.

［150］孙孟. 经济一体化下中国贸易发展与劳动力市场调整关系研究［J］. 财贸经济，2011（3）.

［151］孙铭. 反补贴措施的贸易效应——基于动态面板数据模型的实证分析［J］. 黑龙江对外经贸，2011（3）.

［152］谭本艳. 对外贸易影响中国资本形成的效应与地区差异［J］. 国际经贸探索，2008（2）.

［153］谭融. 美国利益集团政治研究［M］. 北京：中国社会科学出版社，2002.

［154］谭融. 利益集团与美国对华贸易政策［J］. 吉林大学社会科学学报，2004（4）.

［155］唐宜红，徐世腾. 政府对利益集团收入的关注与贸易摩擦的形成［J］. 国际贸易问题，2007（6）.

［156］佟家栋，刘钧霆. 中国与日韩制造业贸易调整成本的经验研究［J］. 南开经济研究，2006（3）.

［157］屠新泉. 中美贸易摩擦与 WTO 改革：分进合击的美国对华贸易策略［J］. 求索，2019（6）.

［158］王分棉，周煊. 对外反倾销一定能保护国内产业吗［J］. 世界经

济研究，2012（11）.

[159] 王福重，白雪. 产业内贸易与调整成本之间关系的理论综述及评价 [J]. 经济研究导刊，2006（6）.

[160] 王领. 美国对华贸易摩擦的理论研究与实证分析 [D]. 复旦大学博士学位论文，2006.

[161] 王亚飞. 入世后过渡期美国对华贸易摩擦探析[J]. 世界经济研究，2005（10）.

[162] 王亚飞. 贸易摩擦研究文献综述 [J]. 世界经济与政治论坛，2006（4）.

[163] 王孝松，施炳展，谢申祥，赵春明. 贸易壁垒如何影响了中国的出口边际？——以反倾销为例的经验研究 [J]. 经济研究，2014（11）.

[164] 王孝松，谢申祥. 发展中大国间贸易摩擦的微观形成机制——以印度对华反倾销为例 [J]. 中国社会科学，2013（9）.

[165] 王孝松，吕越，赵春明. 贸易壁垒与全球价值链嵌入——以中国遭遇反倾销为例 [J]. 中国社会科学，2017（1）.

[166] 王孝松，翟光宇，林发勤. 反倾销对中国出口的贸易抑制效应探究 [J]. 世界经济，2015（5）.

[167] 王孝松，谢申祥. 中国究竟为何遭遇反倾销 [J]. 管理世界，2009（12）.

[168] 王雪. 国际产业转移理论及其研究 [J]. 理论经济研究，2007（1）.

[169] 王雪峰，王平利. 反倾销：当代显性贸易摩擦主要表现形式的原因分析 [J]. 财贸经济，2005（8）.

[170] 吴韧强. 利益集团对国际贸易政策影响的政治经济学分析 [D]. 华中科技大学博士学位论文，2007.

[171] 吴韧强. 利益集团对贸易政策影响的理论模型研究综述 [J]. 世界经济研究，2007（5）.

[172] 肖德，杜丽莉. 我国参与区域经济合作战略选择[J]. 合作经济

与科技，2007（11）.

［173］谢建国. 经济影响、政治分歧与制度摩擦——美国对中国贸易反倾销实证研究［J］. 管理世界，2006（12）.

［174］谢建国，黄秋月. 反倾销与中国的出口损害——基于美国对华贸易反倾销案例数据的研究［J］. 世界经济研究，2014（2）.

［175］谢建国，周婷婷. 报复性反倾销与美国对华倾销裁定［J］. 世界经济研究，2011（11）.

［176］谢申祥，张林霞，王孝松. 美国对华反倾销的新动向［J］. 财贸经济，2010（4）.

［177］谢申祥，张铭心，黄保亮. 反倾销壁垒对我国出口企业生产率的影响［J］. 数量经济技术经济研究，2017（2）.

［178］谢申祥，王俊力，高丽. 美国对华反倾销的动因——基于企业视角的经验研究［J］. 财贸经济，2016（8）.

［179］肖志敏，冯晟昊. 中美贸易摩擦的经济影响分析［J］. 国际经贸探索，2019（1）.

［180］徐丽华，冯宗宪. 战略性贸易政策理论研究最新进展［J］. 国际贸易问题，2007（4）.

［181］徐芳燕，陈劭潼. 印度对中国反倾销行为的驱动因素分析［J］. 国际经贸探索，2017（10）.

［182］杨培强，张兴泉. 贸易保护政策对异质性企业影响的实证检验——兼论中美产业内贸易摩擦传导机制［J］. 国际贸易问题，2014（1）.

［183］杨仕辉，邓莹莹，谢雨池. 美国反倾销贸易效应的实证分析［J］. 财贸经济，2012（1）.

［184］杨仕辉，彭诗妮. 特别保障措施的贸易效应实证研究［J］. 产经评论，2010（6）.

［185］叶建亮，刘则. 行业异质性与反倾销行为——基于中国、印度、美国的分行业实证分析［J］. 浙江大学学报（人文社会科学版），2014（5）.

[186] 尹翔硕. 美国对华贸易摩擦的影响及我们的政策重点[J]. 世界经济研究，2006（8）.

[187] 尹翔硕，李春顶，孙磊. 国际贸易摩擦的类型、原因、效应及化解途径 [J]. 世界经济，2007（7）.

[188] 尹翔硕，李春顶. 边际保护、加权福利与美国对华贸易摩擦的成因 [J]. 财经问题研究，2008（4）.

[189] 尹翔硕，李春顶. 国际贸易摩擦的成因及化解途径 [M]. 上海：复旦大学出版社，2009.

[190] 余晖. WTO 体制下行业协会的应对策略——倾销为例 [J]. 中国工业经济，2002（3）.

[191] 余菲. 论美国对华反倾销的不公平性及因应策略[J]. 世界经济研究，2007（5）.

[192] 余淼杰. 国际贸易的政治经济学分析：理论模型与计量实证 [M]. 北京：北京大学出版社，2009.

[193] 余振，周冰惠，谢旭斌，王梓楠. 参与全球价值链重构与中美贸易摩擦 [J]. 中国工业经济，2018（7）.

[194] 于铁流，李秉祥. 美国对华贸易摩擦的原因及其解决对策 [J]. 管理世界，2007（5）.

[195] 苑涛. 单一产业贸易的增加是否会减轻贸易自由化对国内劳动力造成的冲击？[J]. 经济科学，2002（6）.

[196] 张彬，孙孟. 中国制造业产业内贸易决定因素实证分析 [J]. 财贸经济，2009（5）.

[197] 张学斌. 美国制造对华贸易摩擦的政治背景和我们的对策 [J]. 国际政治研究，1995（3）.

[198] 张幼文，黄仁伟. 制度竞争与中国国际分工地位 [M]. 上海：远东出版社，2002.

[199] 张建清，陈果. 基于竞合理论视角的中美贸易摩擦研究 [J]. 经济问题探索，2019（10）.

［200］张先锋，陈永安，吴飞飞．出口产品质量升级能否缓解中国对外贸易摩擦［J］．中国工业经济，2018（7）．

［201］张燕，车翼．发展中国家反倾销对中国出口的影响［J］．世界经济文汇，2018（1）．

［202］张永．美国反倾销申诉的贸易转移效应分析［J］．国际经贸探索，2013（4）．

［203］赵洪．中国经济体制转型期的国际贸易摩擦及其解决途径［D］．厦门大学博士学位论文，2007．

［204］赵建．国际贸易摩擦背后的产业结构和政治因素［J］．世界经济与政治论坛，2004（3）．

［205］赵瑾．日美贸易摩擦的历史演变及其在经济全球化下的特点［J］．世界经济，2002（2）．